la conquista
de
México

POR LA SUPERACIÓN DEL SER HUMANO Y SUS INSTITUCIONES

la conquista de México

desde la llegada de la primera expedición a las costas de Yucatán, hasta el fin del Imperio Azteca

Fernando Orozco L.

PANORAMA EDITORIAL

LA CONQUISTA DE MEXICO

Derechos Reservados

Portada:
Dibujo: Heraclio Ramírez

Dibujos:
José Narro

Primera edición: 1991
Decimacuarta reimpresión: 2008
© Panorama Editorial, S.A. de C.V.
  Manuel Ma. Contreras 45-B
  Col. San Rafael 06470 - México, D.F.

Tels.: 55-35-93-48 • 55-92-20-19
Fax: 55-35-92-02 • 55-35-12-17
e-mail: panorama@iserve.net.mx
http://www.panoramaed.com.mx

Printed in Mexico
Impreso en México
ISBN 968-38-0289-3

Indice

Prólogo

Es obvio ya comentar que si en la historiografía universal de todos los tiempos, la *Verdadera Historia de la Conquista de la Nueva España*, escrita por el capitán Díaz del Castillo ocupa uno de los primeros lugares, sólo comparable con los *Comentarios de la Guerra de las Galias* de Julio César, en la Historia de la Conquista de América tiene el primer lugar, indiscutiblemente. Y por eso es que hemos escogido esta obra inmortal para que tomados de la mano de Díaz del Castillo recorramos la Historia de México en la etapa tan interesante que va desde el descubrimiento y exploración de las costas del México actual, hasta la caída de Tenochtitlán, la Gran Señora de los Lagos y corazón del mundo náhuatl en poder de los españoles y sus aliados que seguían al intrépido extremeño Hernán Cortés.

Sintetizaremos algunos temas, pero apegados estrictamente a lo escrito por el soldado-cronista, sin separarnos un palmo; y en otros pasos transcribiremos sus propias palabras que, viéndolo bien, son insustituibles.

Por otra vez queremos ser testigos, a través de esta maravillosa lectura, de los azares de la enorme empresa que fue la conquista de México: de las argucias políticas de Cortés, de sus golpes maestros, de su habilidad diplomática y de su energía y valor en las grandes batallas, en los triunfos y en los descalabros. Contemplemos con Bernal el gran mercado de Tlaltelolco y asistamos a los terribles momentos de la Noche Triste, todo ello en la lectura de este gran libro de aventuras en un enorme acontecer histórico, narrado en un lenguaje sencillo y a veces rústico, *rudo y selvático*, como lo calificó don Marcelino Menéndez Pelayo. Es crónica riquísima en anécdotas, retratos, incidentes y conclusiones agudas y oportunas. Marca una memoria de privilegio acordándose de todo y de todos: del que era alguacil, del que murió de bubas, en batallas o de su "muerte"; del que montaba el caballo de tal color, de Lares el buen jinete y del que era tramposo en el juego. Cita en el escrito que en su pequeño bagaje traía unas semillas de naranjo, y así fue el primero que sembró este cítrico en México; y miles de incidentes, todos curiosísimos e interesantes. Y de Bernal, aquí en América quedaron sus huesos y su espíritu para siempre.

Esta obra inmortal ha sido traducida a todos los idiomas porque, como lo hemos dicho, es única en su género y merece ocupar un lugar preeminente en cualquier biblioteca, pero tal parecería que en forma especial en la del muchacho, amante de leer correrías y aventuras, que en la obra de Bernal son increíbles y sin cuento. Si en la literatura juvenil contemporánea se han creado personajes fantásticos, superdotados, gimnastas de gran energía física, de gran arrojo y valor, con la lectura de la obra que estamos citando quedamos convencidos que no habría necesidad de ocurrir a la inventiva fantástica: en ella están todos los personajes plasmados, y fueron de carne y hueso; personajes que parecen arrancados de las páginas de la clásica literatura helénica con las aventuras de Jasón y los argonautas o en las correrías de los áticos frente a Troya.

Fernando Orozco Linares

El autor y su obra

Se presenta con nosotros el capitán Bernal Díaz del Castillo diciendo que es vecino y regidor de la ciudad de Santiago de Guatemala y uno de los primeros descubridores y conquistadores de la Nueva España; que es natural de la villa de Medina del Campo, de la provincia de Valladolid, e hijo de Francisco Díaz del Castillo, al que llamaban *El Galán*, y de María Diez Rejón, que se encuentren en santa gloria. Desgraciadamente en toda su narración no cita el año de su nacimiento, pero se considera que fue en 1496, según documentación por él presentada cuando se trató de ciertos trámites legales de Probanzas de Méritos. Hacia 1535 casó con Teresa Becerra, hija de un conquistador; se estableció en Guatemala en 1548 y murió en los primeros días de enero de 1584, según el Boletín de julio de 1937, año II, número 4, páginas de la 445 a 447, de la Secretaría de Gobernación y Justicia de la República de Guatemala. Probablemente esté enterrado en la Catedral de la Antigua Guatemala.

Según las cuentas, vivió Bernal 88 años. Tenía 23 cuando tomó parte en la conquista de México. Radicó en Guatemala unos 36 años; y allí escribió su obra, medio siglo después de participar en todas las hazañas que dejó narradas. Durante muchos años fue regidor de esa ciudad y terminó de escribir su *Verdadera Historia* en 1568. Tendría 72 años.

El manuscrito original se encuentra en la Municipalidad de Guatemala; fue publicada por primera vez por el padre mercedario Alonso Remón en 1632; pero esta primera edición estaba completamente deformada, hasta que un descendiente de Bernal, don Francisco A. Fuentes Guzmán, fue el primero en poner de manifiesto los graves errores que había cometido el padre Remón, porque cotejó lo impreso con el borrador original, legado de la familia.

Hasta 1904, el distinguido investigador y publicista mexicano don Genaro García hizo una edición, según el original autografiado, en la prensa de la Secretaría de Fomento de México, 336 años después de haber sido escrita. A partir de entonces se han hecho muchas y variadas ediciones de la obra maestra que nos sirve de base para presentar nuestro trabajo.

1

México entra en la historia del Mundo Occidental

Bernal Díaz vino a las Indias en 1514 con Pedro Arias de Avila, cuando éste fue nombrado Gobernador de Tierra Firme. Residió poco tiempo en la ciudad de Nombre de Dios, cabecera de la Gobernación. Junto con otros compañeros decidió pasar a Cuba, recién conquistada por Diego Velázquez, teniente de almirante de la isla. Transcurrieron tres años y como no había hecho nada para su provecho, junto con ciento diez compañeros se puso de acuerdo para que fuera su capitán un hidalgo de influencias y dinero llamado Francisco Hernández de Córdoba, con objeto de buscar tierras nuevas; compraron dos barcos de buen porte y pusieron en conocimiento de Velázquez el proyecto. Quiso éste entrar en la empresa y les fió un barco, proponiendo que fueran a unas islas cercanas a apresar indígenas para venderlos como esclavos; con el dinero así adquirido pagarían el barco. Pero como vieron los soldados *que lo que decía no lo mandaba Dios ni el rey,* lo rechazaron. Entonces aceptó Velázquez que fueran a descubrir tierras nuevas; les dio el barco y provisiones, consistiendo éstas en pan *cazabe,* hecho de una harina de yuca, tubérculo recolectado en las islas; puercos para preparar la carne salada y otros mantenimientos; compraron cuentas y cosas de poco valor para cambiar con los indígenas; y buscaron tres pilotos, de los cuales el mayor era Antón de Alaminos, antiguo grumete en las expediciones de Colón, natural de Palos de Moguer; el otro era Camacho de Triana y el tercero Juan Álvarez el *Manquillo,* los tres con mucha experiencia; contrataron los marineros necesarios y el mejor equipo que pudieron: anclas, cables, maromas y toneles para llevar agua, aunque éstos muy maltratados. Los barcos estaban en el puerto de Axaruco, en la banda norte de la isla y cercano a La Habana. En la pequeña población de San Cristóbal, el clérigo Alonso González resolvió ir como capellán de la armada y nombraron un contador, para que del oro y plata que se recogiese, separase la parte del rey.

El día 8 de febrero de 1517 salieron de Axaruco, doblaron la punta de San Antón y entraron en alta mar, navegando en dirección a donde se pone el sol. Fueron sorprendidos por una tempestad que duró dos días y los puso en grave riesgo de naufragar. La mar se calmó y 21 días después de haber zarpado, avistaron tierra. Era el 4 de marzo. A medida que se aproximaban a la costa, vieron una gran población, como antes no la habían encontrado ni en Cuba ni en la Española (Santo Domingo). Algunos soldados que habían estado en Africa le pusieron el *Gran Cairo*, porque las casas estaban encaladas y brillaban. Los dos navíos de menor porte se acercaban a la costa cuando vieron venir cinco grandes canoas con muchos indígenas al remo y otros que manejaban las velas. Cada canoa podía llevar hasta cuarenta tripulantes. Por medio de señas fueron invitados a subir a bordo de la nave capitana y llegaron así unos treinta a los que se les regalaron cuentas verdes y otras baratijas. Veían con curiosidad todo lo que había en la cubierta. Por señas prometieron regresar al día siguiente con más canoas para que los españoles pudiesen saltar a tierra; y así fue: desde temprano llegaron los indígenas con doce embarcaciones y decían *Cones-cotoche, cones-cotoche* que en su lengua significaba *Venid a nuestras casas*, por lo que los expedicionarios pusieron por nombre a ese lugar Punta de Catoche, y lo asentaron así en la carta náutica que iban levantando los pilotos. Los españoles, confiados por las demostraciones de paz, desembarcaron en los bateles, como les llama la gente de mar a las chalupas grandes, y en las canoas indígenas, pero bien armados, prestos a defenderse. Empezaron a caminar tierra adentro siguiendo las demostraciones amistosas del cacique, pero al llegar a unas grandes peñas, el mismo cacique empezó a dar voces, que era la contraseña para que salieran dos escuadrones de guerreros que los atacaron con gran furia, al grado que de la primera rociada de flechas hirieron a quince soldados, pero los españoles cerraron filas y en el combate cuerpo a cuerpo se impuso el filo de las espadas y el fuego de las escopetas. Los indígenas huyeron dejando quince muertos. Los españoles avanzaron hasta el centro del poblado, en donde estaban unos adoratorios muy bien hechos de piedra y cal, que mucho les llamaron la atención; y mientras contemplaban los ídolos, el clérigo González se encargaba de recoger los utensilios rituales de oro y otras piezas del mismo metal que estaban en esos recintos. En el combate quedaron prisioneros dos muchachos indígenas a los que se les llamó, a uno Julián y al otro Melchor. Los dos eran bizcos, por costumbre que tenían los pueblos mayas de provocar ese extravío como forma de belleza.

Curados los heridos, de los que murieron dos, los expedicionarios se hicieron de nuevo a la mar, siguiendo la costa al poniente. Como el piloto Alaminos aseguraba que se trataba de una isla, venían con mucho cuidado: en la noche echaban el ancla y al amanecer seguían la navegación, hasta que llegaron frente a un poblado que parecía de importancia, cerca de una bahía y de una ensenada, en donde creyeron podían encontrar algún arroyo para surtirse de agua porque, como hemos dicho, los toneles en muy mal estado, dejaban escapar el líquido. Era el domingo de San Lázaro y por eso nombraron así al pueblo, que en realidad era Campeche. Los navíos de mayor calado quedaron a alguna distancia mar adentro, y en el menor, con tres chalupas grandes, resolvieron acercarse para desembarcar y llenar los toneles con agua, pero bien armados para rechazar un posible ataque. Dieron con un pozo, y cuando terminaban de abastecerse de agua, llegaron unos cincuenta indios, que debían ser principales porque llevaban buenos atavíos y ofrecieron paz. Por señas preguntaron a los castellanos si venían de donde sale el sol, y al contestárseles afirmativamente, empezaron a decir: *¡Castilán! ¡Castilán!*, sin que los expedicionarios supieran de qué se trataba. Los invitaron a ir a su pueblo y allí encontraron dos grandes adoratorios, en donde estaban los cuerpos de unos indios que habían sido sacrificados. Salieron ceremoniosamente diez sacerdotes con el pelo hirsuto y lleno de sangre, que sahumaron a los soldados que iban adelante con una recina llamada copal, pero pusieron en un llano un montón de maderos secos a los que dieron fuego, haciendo saber a los españoles que debían salir de esos lugares antes de que se consumiese la leña. Aparecieron amenazadoramente dos escuadrones de guerreros armados de flechas, lanzas y rodelas. Los españoles se apresuraron a cargar con el agua y se fueron retirando a las chalupas y al navío pequeño, temerosos de ser atacados en los momentos de embarcarse. Levaron las anclas y se alejaron de la costa navegando con buen tiempo durante seis días, pero de pronto se levantó el norte durante cuatro días, que los puso en muy grave peligro de naufragar, y cuando volvió a calmarse el mar, el agua de los toneles de nuevo se había terminado, pero vieron un pueblo cerca del litoral: era grande y tenía sembradíos, pozos y casas bien hechas de piedra. Su nombre era Potonchán o Champotón. Desembarcaron al medio día para abastecerse de agua y en eso estaban cuando llegaron muchos guerreros, con las caras

*Hernández de Córdoba
desembarca en
Champotón.*

pintadas como mascarones blanquinegros, distintivo belicoso y formando escuadrones muy bien ordenados, con sus armas peculiares y unos sobretodo de algodón para detener las flechas; pero no atacaron y algunos de los caciques les preguntaron que si venían del lado por donde sale el sol, a lo que contestaron afirmativamente. Al anochecer los guerreros se retiraron a un campo cercano y los españoles tomaron todas las medidas para defenderse venido el caso. Toda la noche estuvieron discutiendo para tomar una decisión, pero vino el amanecer sin que se resolviese nada y de pronto los escuadrones indígenas atacaron con terrible furia a buena distancia con flechas y hondas y moviéndose para rodearlos completamente. De este ataque sorpresivo quedaron muchos españoles muertos y heridos. Los jefes guerreros indígenas, dominando la espantosa gritería y el ruido sordo de los tambores y de los caracoles de guerra, gritaban a su vez la orden: *¡Calachoni! ¡Calachoni!* o sea: *¡Maten al capitán!*. . . Y en verdad, le acertaron a Hernández de Córdoba unos diez flechazos. En el campo yacían los cuerpos de muchos españoles muertos o heridos muy graves, y en uno de los ataques de los guerreros, ante la vista desesperada de sus compañeros que no podían hacer nada por ellos, se llevaron a dos soldados, que seguramente fueron después sacrificados.

Haciendo un gran esfuerzo los castellanos, aunque todos heridos y algunos de muy grave manera, lograron romper el cerco y llegaron a donde estaban las chalupas, que arrastraron al mar, pero tan de golpe quisieron subir todos a la vez, que las pusieron a punto de zozobrar y tuvieron que ganar el navío de menor calado a nado, que afortunadamente su tripulación lo había acercado para ayudar a los soldados en tan grave aprieto. Muchos indígenas que rápido habían embarcado en sus canoas para alcanzar a las chalupas, tiraban certeras flechas sobre los soldados que iban agarrados a las bordas de sus embarcaciones.

Ya en los barcos y salidos a alta mar, se hizo un recuento y hallaron que faltaban cincuenta y siete soldados: cinco muertos a bordo, que fueron arrojados al mar; los dos que se llevaron los indígenas y cincuenta muertos dejados en el campo de batalla. La acción duró casi una hora con resultados tan graves para los españoles, que en la carta náutica que iban levantando le pusieron a aquel paraje la *Bahía de la Mala Pelea.*

De todos los soldados, sólo uno había logrado escapar sin heridas; los demás estaban hinchados, adoloridos y se quejaban, echándole la culpa del desastre al piloto Alaminos por haber hecho creer que se trataba de una isla, y en buscar rodearla se produjeron estos desgraciados sucesos.

Después de curados los heridos y arrojados al mar los dos que murieron, se acordó volver a la isla de Cuba. Muchos marineros también habían sido heridos, porque saltaron a tierra en auxilio de los soldados, y no había suficiente gente útil que maniobrara las velas. Se determinó abandonar e incendiar el navío menor; así, con los marineros útiles se formaron dos tripulaciones para el servicio en los dos navíos.

El tormento de la sed era terrible porque en Champotón, en la desesperación de salvar la vida, abandonaron los toneles y vasijas llenas de agua. Con los labios y las lenguas verdaderamente trozándoseles de sed, marineros y soldados buscaban ansiosamente algún lugar de la costa en donde pudieran encontrar agua. A los tres días vieron un estero, que parecía desemboque de alguna corriente de agua, por lo que desembarcaron quince marineros y tres soldados de los menos lastimados provistos de palas, pero encontraron que el lugar tenía agua amarga y había muchos lagartos. Marcaron el punto en la carta náutica con el nombre de *Estero de los Lagartos*. Cuando salían a alta mar, se levantó un fuerte viento que picó el oleaje, y ante el peligro de no poder gobernar los navíos, prefirieron soltar el ancla cerca del litoral, operación que hicieron con gran dificultad por estar casi todos inválidos; pero pasado el temporal, pusieron proa hacia la Florida, costa conocida por Alaminos y que consideraba ser la navegación más corta para regresar a Cuba. Llegaron frente a una bahía que el piloto declaró reconocer de su anterior viaje con Ponce de León. Se dispuso el desembarque de veinte soldados armados y con palas. El propio Alaminos y Bernal Díaz fueron con ellos y el piloto previno que los habitantes de esos parajes eran muy belicosos. Pusieron dos vigías a buena distancia y cavaron unos pozos en la orilla, encontrando muy buena agua para saciar la sed, lavar las heridas y los paños que les servían de vendajes; pero en eso estaban cuando los vigilantes corrieron para avisarles la proximidad de los indígenas, que traían grandes arcos y venían cubiertos con pieles de venado. En el ataque intempestivo, se llevaron prisionero a un soldado apellidado Berrio, que era el único que se había salvado de ser herido en el combate de Champotón. Bernal recibió un flechazo más de los tres que ya le habían dado en la mala pelea; y a Alaminos le clavaron una flecha en el cuello, peligrosa; pero lograron rechazar a los atacantes cuando querían llevarse la chalupa, les hicieron veinte muertos y tres prisioneros que estaban heridos y ya a bordo, algunos días después murieron. Llevaron las vasijas llenas de agua y un soldado, desesperado por la sed, bebió tanta que se hinchó y murió.

Al soldado desaparecido lo anduvieron buscando un buen rato y al no encontrarlo lo dieron por perdido, con la conclusión que se lo llevaron vivo porque no encontraron huellas de sangre en el lugar donde había luchado para defenderse.

Ya con las vasijas llenas de agua, pusieron proa a Cuba con buen tiempo, pero al llegar a unos bajos a los que llamaban de los Mártires, uno de los navíos dio en un cayo, se le hizo un agujero en el fondo y empezó a hacer agua, por lo que, a pesar de que estaban heridos, se pusieron a la bomba porque amenazaba naufragar. Unos marineros de Levante se negaron a ayudar en los trabajos a bordo diciendo que ya estaban hartos de la empresa de la que sólo habían sacado hambre, sed, fatigas y heridas. No quedó más a los soldados, que aunque estaban muy maltrechos, tuvieron que manejar las velas y achicar el agua que entraba peligrosamente en el barco.

Al fin llegaron al puerto de Carenas, en La Habana y de allí escribieron a Diego Velázquez, dándole cuenta de sus descubrimientos, exploraciones y peripecias del viaje y haciéndole notar que los indígenas de aquellas tierras tenían oro.

Hernández de Córdoba, sin más entenderse de esas cosas, se dirigió a la villa de Santiespíritu en donde tenía sus propiedades, y allí murió a los diez días, por dolencias del alma y del cuerpo.

El barco averiado fue puesto a salvo por un buzo portugués, y los soldados tan pronto llegaron a tierra, se fueron dispersos a sus antiguos lugares de residencia más pobres y endeudados de lo que habían estado. Se supo que todavía unos sesenta de ellos murieron a consecuencia de las heridas y penurias.

El gobernador Velázquez con gran interés preguntó a los indios Melchor y Julián cómo se llamaba su tierra y si habría oro en ella. A la primera pregunta contestaron diciendo *Uy-yuca-tal*, por lo que a partir de entonces se le nombró Yucatán; pero al responder la segunda pregunta lo engañaron al decirle que allí y en la Punta de Catoche había minas de oro.

Velázquez se apresuró a escribir una carta detallada a su protector, don Juan Rodríguez de Fonseca, obispo de Burgos, presidente del Real Consejo de Indias y persona de mucha influencia en la Corte, dándole cuenta de los descubrimientos y apropiándose todo el mérito, sin citar para nada los esfuerzos, gastos y graves riesgos de los expedicionarios.

Bernal y otros tres soldados contrataron con el propietario de una canoa para que los llevara al puerto de Trinidad, en el sur de la isla, pero naufragaron a causa de un temporal y fueron a dar contra unos arrecifes que les destrozó la embarcación y les rasgó las vestiduras. Llegaron a la costa desnudos y golpeados. Bernal, una vez habilitado con alguna ropa que le dio un amigo, fue a Santiago en donde habló con el Gobernador y éste lo convenció para alistarse en una nueva empresa dándole muchos ofrecimientos y buenas palabras. Era el mes de marzo de 1518. Se tenían listos en el puerto de Matanzas los dos navíos comprados anteriormente por los soldados y dos que había adquirido el Gobernador, todos al mando del capitán Juan de Grijalba, su pariente, que llevaría la nave principal; y los otros tres navíos, cada uno al mando respectivo de Pedro de Alvarado, Francisco de Montejo y Alonso de Ávila, personas de la confianza de Velázquez, de dinero y emprendedores, que aportaron las provisiones mientras que el Gobernador, a más de los dos barcos, facilitó las armas, pólvora, ballestas y pequeñas cosas para el *rescate*, operación de trueque por la que se daba a los indígenas, vidrios, cuentas, espejos y otras baratijas a cambio de piezas de oro y plata. Velázquez dio la disposición que no sólo se obtuviese el oro y la plata sino que se viese la posibilidad de fundar alguna población. Se nombró un contador, para que recogiese el Quinto Real, es decir, la quinta parte de lo que se lograra y que se destinaba a la Corona. Fue como capellán de la armada el clérigo Juan Díaz y como pilotos los tres mismos que guiaron la primera expedición, y otros más, cuyo nombre no lo cita Bernal. Se alistaron doscientos cuarenta soldados y marineros e iban en la nao capitana los muchachos indígenas Melchor y Julián. Zarparon el día 5 de abril de 1518 con muy buen tiempo; a los diez días doblaron por la punta del cabo San Antón y en ocho días más de navegación, llegaron por el sur a la isla de Cozumel, que llamaron de la Santa Cruz por estar cerca esa fecha religiosa. Vieron una playa muy propia en la que desembarcaron, y un pueblo cercano que estaba abandonado; pero como Grijalba no quería perder tiempo, volvieron a hacerse a la mar siguiendo ruta hacia el poniente. En ocho días llegaron frente a Champotón, donde la playa es baja y extendida, que los obligó a anclar a alguna distancia de tierra, y desembarcaron bien armados y previstos cien soldados en una playa en donde ya estaban los guerreros indígenas prontos a combatir, con las caras pintadas, penachos, ufanos por la pasada victoria y listos sus escuadrones armados con flechas, arcos, macanas, rodelas y dando mucho ruido con los silbatos, tambores y caracoles. Para esta expedición, los soldados llevaban unas pequeñas bombardas llamadas falconetes que bien les iban a servir. Tan pronto como llegaron, los escuadrones indígenas atacaron con gran algazara y en forma efectiva pues de la primera rociada de flechas alcanzaron como a unos cincuenta, pero los españoles ya habían cobrado experiencia e iban equipados con una especie de sobretodo espeso de algodón, en donde se clavaban las flechas sin producir gran daño. Los indígenas huyeron ante el trueno de los falconetes, ante el ataque de los españoles con las espadas y al ver que desembarcaban otros cien soldados. Dejaron en el campo muchos muertos y heridos y tres prisioneros, de los cuales uno parecía principal. En la escaramuza perdieron la vida tres soldados, como unos sesenta resultaron heridos y el propio Grijalba salió con tres flechazos sin importancia y dos dientes rotos. Después de enterrar a los muertos y curar los heridos, Grijalba envió como emisarios de paz a los prisioneros, haciéndoles halagos y dándoles cuentas verdes para que a su vez se los diesen a los caciques, pero puestos en libertad, ya no regresaron. Estuvieron los españoles en ese lugar cuatro días, esperando y en reposo. Pasado ese tiempo continuaron el viaje y llegaron a la desembocadura de lo que parecía un gran río. Alaminos aseguró que allí terminaba una tierra y empezaba otra, por lo que en la carta náutica la marcaron con el nombre de "Boca de Términos", en donde estuvieron tres días reconociendo el lugar, sondando el litoral y determinaron que se trataba de una isla con muy buen puerto interior. En ella los soldados lograron matar diez venados, muchas liebres y conejos, pero dejaron en tierra una perra de caza, que se les perdió. Después de haber hecho una buena exploración y no encontrar habitantes, Grijalba dispuso se continuara la navegación siempre al poniente siguiendo la costa de cerca pero con mucho cuidado porque parecía peligrosa. En la noche se soltaba el ancla, para recogerla venido el día, y así iban vigilando bajos y arrecifes. A los tres días de seguir esta dirección llegaron a la desembocadura de un gran río, al que nombraron de Grijalba, en honor del capitán, aunque los indígenas le llamaban Tabasco. Desde un principio dedujeron que por ahí debía haber una población de importancia porque en las aguas cercanas al lugar, encontraron una estacada con trampas de bejuco para pescar. Con los dos barcos de menor calado remontaron el río y encontraron muchas canoas con guerreros armados de arcos, rodelas, macanas y prestos a combatir. Vieron que en la parte cercana a un pueblo, estaban levantando apresuradamente una gran palizada para defenderse. Alejándose de ese punto, los españoles bien prevenidos desembarcaron cerca de un caserío, pero pronto se aproximaron las canoas con los guerreros y otras más que habían permanecido escondidas en unos esteros. Con Melchorejo y Julianillo, el capitán Grijalba hizo llamados de paz y ocurrieron unos treinta, de los cuales dos o tres parecían principales. Grijalba les hizo saber que venían de muy lejos y que eran vasallos de un poderoso señor que se llamaba el emperador Carlos, invitándolos para que se reconociesen súbditos de tan poderoso monarca. Les pidió que a trueque de cuentas verdes les trajeran comida y oro. Respondieron que entre ellos había uno que era cacique y otro *papa*, como les llama Bernal en toda su obra a los sacerdotes; dijeron que darían comida a cambio de cuentas y espejos. Pero contestaron arrogantemente que tenían señor y que apenas los acababan de conocer y ya les querían dar otro; además les previnieron que no buscasen guerra como en Champotón, porque tenían listos dos *Jiquipiles* de guerreros para combatirlos. Bernal asegura que cada *Jiquipil* estaba formado por unos ocho mil hombres. También dijeron que estaban al tanto que habían muerto o herido a más de doscientos guerreros en Champotón, pero que ellos eran más esforzados y valientes; que irían a los pueblos comarcanos a decirles las peticiones de los castellanos para saber si les harían la guerra o no. Grijalba los abrazó de paz y les dio unos collares de cuentas, pero les hizo saber que vinieran pronto con la respuesta porque si no, marcharía por la fuerza hacia su pueblo. Aceptaron los principales las paces y trajeron algunas piezas de oro de poco valor; y treinta sirvientes llegaron trayendo alimentos y unos braseros en los que echaron copal para sahumarlos. Los *papas* y caciques dijeron que tomaran aquellos presentes de buena voluntad, pero no tenían más; que adelante, hacia donde se pone el sol estaban los de Culúa, que tenían mucho oro, mas debían irse pronto. Grijalba les dio las gracias y les hizo otros regalos de cuentas verdes, dando la orden a sus hombres de volver a los navíos, que se encontraban en peligro por estar expuestos a los vientos del norte.

La armada se hizo a la mar y a los dos días de navegación pasó frente a un pueblo en la costa al que Bernal le llama Ayagualulco, en donde andaban muchos indígenas con unas rodelas hechas de conchas de tortuga que relumbraban con el sol, y los soldados creyeron que eran de oro. En las cartas de marear a este pueblo le nombraron *La Rambla*. Allí no se detuvieron sino que continuaron el viaje hasta llegar a una ensenada en donde desembocaba un río al que los indígenas llamaban Tonalá y los españoles le pusieron río de San Antonio. Siguiendo la navegación, llegaron a donde desemboca otro río muy grande, que es el Coatzacoalcos, intentando entrar en él, pero se los impidió un viento contrario que era muy fuerte. Desde allí vieron una cima nevada a la que llamaron sierra de San Martín, porque un soldado de ese apellido fue el primero que la vio. El capitán Alvarado, de propia cuenta se adelantó con su navío y llegó a un río muy ancho, que era el Papaloapan, al que los soldados le llamaron río de Alvarado, y así lo marcaron en la carta náutica que venían levantando los pilotos. Alvarado entró en relación con unos indios pescadores originarios de un pueblo llamado Tlacotalpan, que le regalaron pescado fresco y otras pequeñas cosas. Grijalba se disgustó mucho con Alvarado por haberse separado de la armada sin su consentimiento y corriendo el riesgo que le aconteciese algún percance y no se le pudiese ayudar. Navegaron reunidos hasta que llegaron a un río que se marcó en la carta con el nombre de *Río de Banderas*, porque había muchos indígenas con grandes lanzas en las cuales tenían sujetas mantas blancas para llamar a los expedicionarios. Fue la primera vez que los europeos entraron en contacto con el poderoso imperio de Moctezuma, que estaba enterado de lo ocurrido a la expedición de Hernández de Córdoba en Catoche y Champotón. Moctezuma sabía que los viajeros buscaban oro, trocándolo por piedras verdes y espejos, a los que los indígenas genéricamente llamaban *chalchiuis*, de gran valor entre ellos. Unos artistas indígenas le habían llevado en mantas de henequén dibujos de todo lo que se refería a los españoles: sus figuras, sus armas, barcos, anclas, etc. El gran monarca ordenó a los gobernadores que tenía en esas tierras, inquirieran sobre las intenciones de los hombres blancos y a eso obedecía que con las mantas sujetas a las lanzas a manera de banderas, se les llamase, porque Moctezuma sabía que sus antepasados habían dicho que algún día vendrían gentes del lado por donde sale el sol, a enseñorearse de esas tierras. Grijalba, de acuerdo con sus capitanes y soldados, ordenó que en dos chalupas grandes desembarcaran todos los ballesteros, escopeteros y diez soldados más con el capitán Francisco de Montejo para saber si eran de guerra aquellos indígenas que hacían señales o qué otra cosa podría ser. El tiempo era muy bueno y fácilmente los soldados llegaron a tierra, en donde los esperaban tres caciques, uno de los cuales era gobernador, que con sus servidores estaba bajo la sombra de unos árboles, con mucha comida: gallinas de la tierra, pan de maíz y fruta, todo puesto sobre esteras y mantas. Los españoles pretendieron emplear como intérpretes a Julianillo y a Melchorejo, pero éstos no entendían la lengua de aquellos caciques, que era el náhutl, y ellos hablaban maya.

Los caciques, al distinguir que Grijalba era el capitán, le hicieron acatamiento especial y lo sahumaron, a lo que correspondió dándoles las gracias y abrazos, regalándoles cuentas verdes y diciéndoles por señas que trajeran oro para cambiérselo por *chalchihuis*. El gobernador de Moctezuma mandó a sus sirvientes que fueran a los pueblos comarcanos a traer oro para cambiar, regresando al poco tiempo con algunas piezas de bastante valor porque en seis días que estuvieron en ese paraje, los españoles lograron más de quince mil pesos en piezas labradas y tejuelos. Grijalba entre tanto y acompañado de los soldados, tomó posesión de esa tierra en nombre del Emperador y por el gobernador de Cuba. Como vieron que los indígenas no traían más oro, dispuso el capitán embarcarse, llevando con ellos a un indio al que bautizaron con el nombre de Francisco y al que, dice Bernal, se lo encontró en México como vecino después de la Conquista.

Se hicieron a la mar y en dos días llegaron a una isla pequeña que tenía la arena blanca, a la que por ello le llamaron la *Isla Blanca*. De esta isla vieron otra mayor que estaba no muy lejos de la costa y tenía buen anclaje. Desembarcaron y encontraron unos adoratorios muy bien hechos, con grandes ídolos y altares salpicados de sangre, en los que estaban los cuerpos de cinco indios que habían sido sacrificados durante la noche, con los pechos abiertos y piernas y brazos cortados. Por esta razón, a la isla le llamaron de los Sacrificios. Al día siguiente, en las chalupas llegaron a la costa y desembarcaron todos. Los soldados hicieron chozas y enramadas en unos médanos, donde el viento ahuyentaba a los mosquitos. Los pilotos entre tanto sondearon el puerto y encontraron que los navíos podían anclar allí, sin temor a los bajos o a los arrecifes, dieron su opinión a Grijalba y éste dispuso que los trajeran de Sacrificios para quedar anclados tras de una isleta, protegidos de los vientos del norte. El capitán fue con treinta soldados bien armados a la isleta, donde había unos adoratorios y en su interior estaba un enorme ídolo que representaba a Tezcatlipoca. Salieron cuatro sacerdotes con sus mantas, como capuchas de frailes, pero sucios de sangre humana ya seca. En grandes piedras que parecían altares, estaban los cuerpos sangrantes de dos jóvenes indios que acababan de ser sacrificados. Los españoles mostraron disgusto por esta crueldad y no permitieron que aquellos sacerdotes los sahumaran. Con el indio Francisco quisieron hacerse entender para preguntarles a los sacerdotes por qué habían matado a aquellos muchachos; pero de lo que decía Francisco sólo entendían *Culúa, Culúa*. Insistía tanto en esa voz, que siendo día de San Juan de junio o de San Juan Bautista, nombre del capitán, al islote aquel le llamaron San Juan de Ulúa.

Estando los españoles en los arenales en donde habían levantado campamento, llegaron muchos indígenas de los pueblos de los alrededores con algunas piezas de oro pequeñas que cambiaban por las cuentas de vidrio sin valor. Así duraron en el lugar siete días, atormentados por los mosquitos, cerciorándose que no estaban en una isla sino en tierra firme y que en ella había grandes pueblos, pero no podían fundar una ciudad porque eran muy pocos y además habían muerto diez a consecuencia de las heridas y cuatro que estaban convalecientes; el pan cazabe se estaba echando a perder y faltaban provisiones. Entonces se acordó enviar a Cuba al capitán Pedro de Alvarado para que informara al gobernador Velázquez y le pidiese que mandara refuerzos. Se destinó para el viaje el navío *San Sebastián*, que estaba dañado, aunque no en forma grave, para que entrara en carena y pudiese regresar trayendo socorros y alimentos. Alvarado llevó cartas de los capitanes para Velázquez, todo el oro que se había rescatado, mantas y ropas que habían regalado los indígenas, así como a los soldados heridos.

Por su parte, Diego Velázquez al no tener noticias de los expedicionarios desde que salieron de Cuba y que ya había transcurrido mucho tiempo, no aguantó más y envió un pequeño navío que llevaba por capitán a un hombre de calidad llamado Cristóbal de Olid para que, siguiendo el itinerario de Hernández de Córdoba diese con Grijalba y sus compañeros, pero una tempestad los puso en tan grave peligro que los obligó a regresar a La Habana adonde llegó unos días después el capitán Alvarado con las noticias, con el oro y con los enfermos.

Alvarado dio cuenta y razón a Velázquez, muy detallados, de todos los incidentes de la expedición; y cuando entregó lo "rescatado", el gobernador y las gentes que con él estaban, quedaron maravillados de ese gran tesoro y de las noticias sobre el descubrimiento de tan ricas tierras. Hubo en La Habana ocho días de fiestas, de gran regocijo y se corrieron cañas. La noticia llegó a todas las islas y hasta Castilla. Pero en el continente, Grijalba de acuerdo con sus capitanes, pilotos y soldados, decidió proseguir el viaje para descubrir más tierras. Costeando pasaron por Tuxpan, en donde vieron sierras muy altas. Así navegando llegaron a un gran río al que nombraron de las Canoas en cuyas orillas había muchas poblaciones no muy alejadas. Estando anclados los navíos frente a la desembocadura, llegaron unas veinte canoas muy grandes llenas de guerreros, armados de lanzas y arcos, que se acercaron al navío menor del que era capitán Francisco de Montejo, le dieron una rociada de flechas con las que hirieron a cinco soldados, lanzando cuerdas al navío para llevárselo, y le cortaron las amarras, pero los de a bordo lograron voltearles tres canoas. Entonces los de los otros barcos les ayudaron tirando con las ballestas y escopetas, por lo que los guerreros indígenas se dieron prisa para irse por donde habían venido. Siguiendo la costa, los españoles llegaron a una punta muy difícil de doblar, por los bajos y por las corrientes contrarias. Alaminos expuso al capitán Grijalba lo peligroso que era intentar doblar aquella punta, resolviéndose entonces poner proa a Cuba, porque ya entraba el invierno, porque no había ya provisiones y porque un navío hacía mucha agua. Pusieron proa al sur-oriente y después de navegar algunos días llegaron al río Coatzacoalcos en donde habiendo visto de paz a los indígenas, carenaron al barco que hacía agua, para poderlo arreglar. Llegaron muchos indígenas de Tonalá, que les llevaron tortas de maíz, pescado y fruta. Grijalba los recibió con gusto y les dio cuentas verdes, diciéndoles que llevaran oro, y luego se presentaron con algunas piezas pequeñas y de baja calidad. Los indios también llevaron unas hachas de cobre muy relucientes que los soldados creyeron que eran de oro, apresurándose a cambiarlas por cuentas y vidrios cortados. Un soldado llamado Bartolomé Pardo fue a un adoratorio en donde había unos ídolos y cuchillos de pedernal para los sacrificios, pero dio con una arca en la que encontró algunas piezas de oro, tomándolas secretamente y llevando al capitán sólo los cuchillos y otras cosas, pero alguien dijo al capitán lo del oro, por lo que ordenó lo entregase. A ruego de los soldados y como Pardo era buen hombre, el capitán accedió a que se quedase con el oro y sólo entregase el Quinto Real.

En su escrito Bernal anotó lo siguiente: *Cómo yo sembré unas pepitas de naranja junto a otra casa de ídolos, y fue de esta manera: que como había muchos mosquitos en aquel río, fuimos diez soldados a dormir en una casa alta de ídolos, y junto a aquella casa las sembré, que había traído de Cuba, porque era fama que veníamos a poblar, y nacieron muy bien porque los papas de aquellos ídolos las beneficiaban y regaban y limpiaban desde vieron que eran plantas diferentes de las suyas; de allí se hicieron de naranjos en toda aquella provincia.*

Terminados los trabajos para componer el navío dañado, Grijalba y los suyos levaron las anclas y en cuarenta y cinco días de navegación, con alternativas del tiempo, llegaron a Santiago de Cuba, donde estaba Velázquez, que los recibió de buena manera. Entregaron el oro, que serían cuatro mil pesos, y con el que había llevado Alvarado sumarían veinte mil, de los que los oficiales de la Corona separaron el Quinto Real. Pero Velázquez no quedó satisfecho con Grijalba, que también salió disgustado con Alvarado, Montejo y Dávila por diferencias que tuvieron.

Desde que llegó Alvarado a Cuba, Diego Velázquez escribió cartas a don Juan Rodríguez de Fonseca, Obispo de Burgos, su protector, al licenciado Luis Zapata y a Lope de Conchillos, todos personajes importantes en el Real Consejo de Indias, para que se le diese licencia de rescatar, conquistar y poblar en las tierras recién descubiertas; cartas y regalos de oro que mandó con su capellán Benito Martín, muy hábil para los negocios.

Martín arregló todo, le trajo a Velázquez el nombramiento de Adelantado y la autorización para llevar a cabo las empresas que pretendía. Mientras que regresaba su capellán, Velázquez tomó providencias para mandar a las costas mexicanas una nueva expedición.

2

Hernán Cortés y sus compañeros

El Gobernador contaba con diez navíos, que estaban surtos en el puerto de Santiago; cuatro eran de los que habían ido con Grijalba, fueron carenados, calafateados y estaban prestos para nuevo servicio. Los otros seis los compró Velázquez en diferentes puertos de la isla, dotándolos a todos de provisiones para un viaje hasta el puerto de La Habana, en donde debía hacerse todo el arreglo final.

El problema inicial de Velázquez era el de escoger un capitán general para el mando de la armada. Le propusieron que fuera un Vasco Forcallo, pariente del conde de Feria, en el que Velázquez no tenía confianza; también le dijeron que mandara a Agustín Bermúdez o a Antonio Velázquez Borrego o a Bernardino Velázquez, que eran sus parientes. Los antiguos soldados decían que volviera Grijalba, pues se había portado como buen capitán.

Con Velázquez estaban dos personas de su confianza y de mucha influencia: uno de ellos era Andrés de Duero, su secretario; y el otro Amador de Lares, contador de su Majestad, que *hicieron secretamente compañía con un hidalgo que se decía Hernando Cortés, natural de Medellín, que tenía indios de encomienda en aquella isla, y poco tiempo había que se había casado con una señora que se decía doña Catalina Suárez, la Marcaida... Y volveré a decir acerca de la compañía. Y fue de esta manera: que concertasen estos privados de Diego Velázquez que le hiciesen dar a Hernando Cortés la capitanía general de toda la armada, y que partirían entre todos tres la ganancia de oro y plata y joyas de la parte que cupiese a Cortés, porque secretamente Velázquez enviaba a rescatar y no a poblar... Pues hecho ese concierto, tuvieron tales modos Duero y el contador con Diego Velázquez y le dijeron tan buenas y melosas palabras, loando mucho a Cortés, que es persona en quien cabe el cargo para ser capitán, porque además de ser muy esforzado, sabrá mandar y ser temido, y que le sería muy fiel en todo lo que le encomendase, así en lo de la armada como en lo demás, y además de esto era su ahijado, y fue su padrino cuando Cortés se veló con doña Catalina Suárez; por manera que le persuadieron y convocaron a ello, y luego se eligió por capitán general, y el secretario Andrés de Duero hizo las provisiones, como suele decir el refrán, de muy buena tinta.*

Era Hernán Cortés, según Bernal Díaz del Castillo... *De buena estatura y cuerpo, y bien proporcionado y membrudo, y la color de la cara tiraba algo a cenicienta y no muy alegre, y si tuviera el rostro más largo, mejor le pareciera, y era en los ojos en el mirar algo amoroso, y por otra parte graves; las barbas tenía algo prietas y pocas y ralas, y el cabello, que en aquel tiempo se usaba, de la misma manera que las barbas, y tenía el pecho alto y la espalda de buena manera, y era cenceño y de poca barriga y algo estevado, y las piernas y muslos bien sentados; y era buen jinete y diestro de todas armas, así a pie como a caballo, y sabía muy bien menearlas y, sobre todo, corazón y ánimo, que es lo que hace el caso.*

Oí decir que cuando mancebo en la isla Española fue algo travieso sobre mujeres, y que se acuchilló algunas veces con hombres esforzados y diestros, y siempre salió con victoria... En todo lo que mostraba, así en su presencia como en pláticas y conversación, y en el comer y en el vestir, en todo daba señales de gran señor. Los vestidos que se ponía era según el tiempo y usanza, y no se le daba nada de traer muchas sedas y damascos, ni rasos sino llanamente y muy pulido; ni tampoco traía cadenas de oro grandes, salvo una cadenita de oro de prima hechura y un joyel con la imagen de Nuestra Señora la Virgen Santa María; y también traía en el dedo un anillo muy rico con un diamante, y en la gorra, que entonces se usaba de terciopelo, traía una medalla... Comía bien y bebía una buena taza de vino aguado que cabría un cuartillo, y también cenaba, y no era nada regalado, ni se le daba nada por comer manjares delicados ni costosos, salvo cuando veía que había necesidad que se gastase y los hubiese menester dar.

Era de muy afable condición con todos sus capitanes y compañeros, especialmente con los que pasamos con él de la isla de Cuba la primera vez, y era latino, y oí decir que era bachiller en leyes, y cuando hablaba con letrados u hombres latinos, respondía a lo que le decían en latín. Era algo poeta, hacía coplas en metros y en prosas, y en lo que platicaba lo decía muy apacible y con muy buena retórica, y rezaba por las mañanas en unas horas, y oía misa de devoción.

Cuando juraba decía: "en mi conciencia"; y cuando se enojaba con algún soldado de los nuestros sus amigos, le decía: "¡Oh, mal pese a vos!" y cuando estaba muy enojado se le hinchaba una vena de la garganta y otra de frente; y algunas veces, de muy enojado, arrojaba un lamento al cielo, y no decía palabra fea ni injuriosa a ningún capitán ni soldado, y era muy sufrido, porque soldados hubo muy desconsiderados que le decían palabras descomedidas, y no les respondía cosa soberbia ni mala... Y era muy porfiado, en especial en las cosas de la guerra, que por más consejo y palabras que le decíamos en cosas desconsideradas de combates y entradas no hacía caso. Y siempre en las batallas le vi que entraba en ellas juntamente con nosotros...

Muchas personas estaban de acuerdo en que fuera Cortés como capitán pero a otras no les satisfacía, por lo que éstas contrataron a un hombre al que le decían Cervantes el Loco para que con gracias dijese a Velázquez que no confiara en Cortés, por ser capitán de gran suerte y temía que se rebelase con la armada.

Sin embargo, Hernando Cortés fue elegido por general y empezó a comprar cuantas armas podía, cuentas y espejos para trocar con los indígenas, y otras muchas cosas para la expedición; ataviándose en forma *pulida*, buena ropa y una cadena de oro al cuello. No tenía dinero y hasta deudas, pero unos comerciantes sus amigos le prestaron cuatro mil pesos de oro y otros cuatro mil en mercaderías, dejando como garantías sus propiedades. Mandó hacer dos estandartes con un letrero que decía: *Hermanos y compañeros: sigamos la señal de la Cruz con fe verdadera, que con ella venceremos.* Mandó dar pregones invitando a los vecinos que quisiesen acompañarlo a las tierras recién descubiertas, para conquistarlas y poblarlas, ofreciendo darles oro, plata, encomiendas de indios y otras riquezas. Escribió a todos sus amigos que tenía en las diversas villas de Cuba para que vinieran con él, de suerte que en Santiago se reunieron cerca de cuatrocientos soldados y un mayordomo enviado por Velázquez llamado Diego de Ordaz *para que mirase y entendiese en la armada, no hubiese alguna mala traza de Cortés, porque siempre temió de él que se alzaría.*

Como Cortés desplegó una gran actividad para alistar la armada, los envidiosos se valieron de ello para decirle a Diego Velázquez que revocase la orden en favor del extremeño porque aseguraban que se le rebelaría. Cortés no se le separaba al Gobernador *mostrándose muy gran su servidor, y le decía que le había de hacer, mediante Dios, muy ilustre señor y rico en poco tiempo.*

Duero avisaba a Cortés que se apresurase a salir porque los parientes intrigantes de Velázquez, ya le estaban haciendo cambiar de decisión. Entonces el ca-

pitán ordenó que todos los pilotos, marineros y soldados embarcasen en ese día, y cuando los vio a bordo, se
fue a despedir de Velázquez que estaba acompañado
de sus amigos y vecinos notables de aquella villa.
"Después de haber oído misa, nos fuimos a los navíos
y el mismo Diego Velázquez fue allí con nosotros". Y
luego de muchos ofrecimientos y cumplidos del uno
al otro se despidieron, haciéndose a la vela los expedicionarios. Con muy buen tiempo llegaron al puerto
de Trinidad, en donde los vecinos los recibieron con
fiestas y atenciones.

Cortés no desperdiciaba oportunidad para invitar
voluntarios, comprar armas y provisiones. Allí se alistaron los cinco hermanos Alvarado: Pedro, Jorge,
Gonzalo, Gómez y Juan; también se alistó Alonso de
Ávila, capitán que ya había ido en la expedición
de Grijalba; Juan de Escalante, Sánchez Farfán, Gonzalo Mejía, Lares el buen jinete, Cristóbal de Olid, Ortiz el músico y otros más de los que Bernal no recuer-
da el nombre. Cortés escribió a la villa de Santiespíritu
para invitar a los vecinos a tomar parte en aquel viaje
al servicio de Su Majestad y allí se alistaron gentes que
posteriormente se iban a hacer famosas como Alonso
Hernández Puerto Carrero, Gonzalo de Sandoval,
Juan Velázquez de León, pariente del Gobernador;
Rodrigo Rangel y otros más. Cuando llegaron todos
estos personajes a la Trinidad, Cortés los recibió con
muchas atenciones mientras ellos manifestaban gran
respeto. Traían pan cazabe y tocinos porque eran propietarios de harinas y cerdos. Como Puerto Carrero
no tenía caballo ni con qué comprarlo, Cortés le dio
una yegua rucia que había cambiado de las lazadas de
oro que traía como adorno. Allí, al puerto de Trinidad

llegó un barco pequeño cargado de pan y tocinos que llevaba a vender a un mineral cercano su propietario Juan Sedeño. Este fue platicar con el capitán y lo convenció, de manera que resolvió unirse a la expedición y fió el pan y el tocino.

Apenas salida la armada de Santiago de Cuba, los parientes de Velázquez intrigaron a Cortés diciéndole al Gobernador que ya iba sublevado, que Duero y Lares lo habían engañado; pero quien más insistía para que se revocase la orden de mando de Cortés era un viejo que se decía Juan Millán, al que le llamaban el "Astrólogo", que tenía algo de loco; y se hicieron escuchar de Velázquez porque éste mandó a dos mozos de confianza para el alcalde mayor de Trinidad, Francisco Verdugo, que era cuñado del Gobernador. También envió cartas del mismo contenido a Diego de Ordaz, a Francisco de Morla y a otros, diciéndoles que impidieran la salida de la armada, que detuvieran a Cortés y lo enviasen preso, porque ya no era el capitán y en su lugar iba Vasco Porcallo; pero como el capitán Cortés supo esto, habló con Ordaz, con Verdugo y con los soldados y vecinos convenciéndolos que se pusieran de su lado. Uno de los mozos que trajeron la orden quedó tan convencido, que se unió a la armada; y con el otro mensajero mandó una muy amable carta Cortés a Velázquez, diciéndole que se maravillaba de que hubiese tomado aquel acuerdo; que no se creyese de sus deudos y del viejo loco Juan Millán. Mandó a los soldados revisar bien las armas, a los herreros de la villa que le hicieran muchos casquillos y hasta los convenció para que fueran con la armada.

Cuando Cortés vio que en Trinidad ya no había

que hacer, ordenó salir para La Habana, enviando por tierra a los caballeros; y a Alvarado para que recogiese unos soldados que estaban en unas estancias cercanas. Llegaron todos los barcos oportunamente al puerde de reunión, menos el de Cortés. Pasaban los días y el capitán no llegaba, poniendo en gran alteración a los expedicionarios, que ya estaban pensando en quién lo sustituiría. A los cinco días arribó Cortés a La Habana, explicando su tardanza por haber dado el barco en los bajos de los Jardines, cerca de la isla de Pinos.

En La Habana se alojó Cortés en la casa de Pedro Barba, teniente de aquella villa; y mandó dar pregones para invitar más gente a la empresa, presentándose allí el capitán Francisco de Montejo, que posteriormente fue adelantado de Yucatán; Diego Soto y otros más, así como muchos soldados. Cuando los vio a todos reunidos, Cortés los halagó y luego envió a Diego de Ordaz a la punta de San Antón, conocida como de Guaniguanico, en donde hacían pan de harina de yuca y tenían muchos puercos. En verdad, Cortés le perdió confianza a Ordaz porque en los días de ausencia en los Jardines cuando embarrancó su nave, Ordaz fue el que más propugnó por recibir el mando y ser adicto a Velázquez. Allí debía esperar otra nave para navegar juntos hasta Cozumel o en espera de nuevas órdenes que se le mandarían con unos indígenas.

Estando todavía en La Habana, Cortés mandó sacar toda la artillería, que consistía en diez tiros de bronce y unos falconetes, probarla, limpiarla, refinar la pólvora y tener listas las *pelotas* o proyectiles, dándole el mando a un artillero que se apellidaba Mesa. Se aderezaron las ballestas, cuerdas, nueces y provisión de dardos, se practicó el tiro con ellas y se vio su alcance. Con mucho algodón que había, se hicieron unos petos acolchados, para protegerse de las flechas, lanzas y varas que empleaban los indígenas.

En La Habana el capitán Cortés empezó a darse trato de señor, nombrando un maestresala, un camarero y un mayordomo para su servicio, dando las órdenes para estar listos a embarcar y disponiendo que los caballos fueran repartidos en todos los navíos, en los que se hicieron pesebreras y se embarcó grano y forraje.

Y nos dice Bernal: *Quiero aquí poner por memoria todos los caballos y yeguas que pasaron:*

Capitán Cortés, un caballo castaño zaíno, que luego se le murió en San Juan de Ulúa. Pedro de Alvarado y Hernán López de Ávila, una yegua alazana, muy buena, de juego y de carrera, y después que llegamos a la Nueva España el Pedro de Alvarado le compró la mitad de la yegua o se la tomó por fuerza.

Alonso Hernández Puerto Carrero, una yegua rucia que le compró Cortés por las lazadas de oro.

Juan Velázquez de León, otra yegua rucia muy poderosa, que llamábamos la "Rabona" muy revuelta y de buena carrera.

Cristóbal de Olid, un caballo castaño oscuro, harto bueno.

Francisco de Montejo y Alonso de Ávila, un caballo alazán tostado, no fue bueno para cosa de guerra.

Francisco de Morla, un caballo castaño oscuro, gran corredor y revuelto.

Juan de Escalante, un caballo castaño claro, tresalbo: no fue bueno.

Diego de Ordaz, una yegua rucia machorra, pasadera y aunque corría poco.

Gonzalo Domínguez, un muy extremado jinete, un caballo castaño oscuro muy bueno y gran corredor.

Pedro González de Trujillo, un buen caballo castaño, perfecto castaño, que corría muy bien.

Morón, vecino del Bayamo, un caballo overo, labrado de las manos y era bien revuelto.

Baena, vecino de la Trinidad, un caballo overo, algo sobre morcillo; no salió bueno para cosa ninguna.

Lares, el muy buen jinete, un caballo muy bueno, de color castaño algo claro y buen corredor.

Ortiz, el Músico, y un Bartolomé García, que solía tener minas de oro, un muy buen caballo oscuro, que decían el "Arriero". Este fue uno de los buenos caballos que pasamos en la armada.

Juan Sedeño, vecino de La Habana, una yegua castaña, y esta yegua parió en el navío. Este Juan Sedeño pasó por el más rico soldado que hubo en toda la armada, porque trajo navío suyo, y la yegua y un negro, y cazabe y tocino, porque en aquella sazón no se podía hallar caballos ni negros si no era a peso de oro; y a esta causa no pasaron más caballos, porque no los había ni de qué comprarlos.

Entre tanto, Diego Velázquez estaba furioso al saber que su cuñado y teniente en la villa de la Trinidad, Francisco Verdugo, no sólo no impidió que Cortés dejara el mando de la armada sino que lo ayudó, juntamente con Diego de Ordaz. Echaba la culpa a Duero y a Lares porque lo habían engañado y de que Cortés fuera ya en rebelión. Envió a un tal Garnica con cartas para su teniente en La Habana, Pedro Barba, y a sus parientes que tenía en esa villa, así como a Ordaz y a Velázquez de León, rogándoles que abandonaran la armada, hiciesen prisionero a Cortés

Hernán Cortés para
impedir la deserción de
sus hombres hunde las naves.

y lo mandaran bien custodiado a Santiago. Cortés quedó al tanto de todo porque un fraile de la Merced escribió a Fray Bartolomé de Olmedo, que iba como capellán de la expedición, para que avisara a Cortés lo que Velázquez pretendía hacer. Cortés habló con Velázquez de León, que se le mostró adicto así como todos los demás capitanes y soldados. El capitán volvió a escribir a Diego Velázquez *con palabras tan buenas y de ofrecimientos, que lo sabía muy bien decir, y que otro día se haría a la vela y que le sería servidor.*

Ordenó Cortés que se embarcasen los caballos y envió a Pedro de Alvarado por la banda del norte para que lo esperase en el cabo San Antón y de allí navegar reunida toda la escuadra hasta la isla de Cozumel. *Y en diez días del mes de febrero año de mil quinientos diez y nueve años, después de haber oído misa, hicímonos a la vela con nueve navíos por la banda del sur, con la copia de los caballeros y soldados que dicho tengo, y con los dos navíos por la banda del norte; que fueron once.* Diego de Ordaz también había recibido la orden de navegar por la banda del norte para reunirse a la armada; pero el piloto que llevaba Alvarado, de apellido Camacho, no hizo caso de lo ordenado por Cortés y siguió la ruta hasta Cozumel, a donde llegaron dos días antes que la escuadra. Cortés se retrasó porque el navío de Francisco de Morla perdió el gobernalle y tuvieron que reponerlo con otro que traían los navíos.

Alvarado y sus soldados saltaron a tierra en Cozumel pero no encontraron habitantes porque habían huido; fueron a otro pueblo cercano de donde también habían escapado las gentes sólo dejando algunas cosas. Los españoles apresaron a dos indios y a una india, tomaron cuarenta gallinas y de unos adoratorios abandonados, tres pequeñas piezas de oro.

Cuando llegó Cortés, lo primero que hizo fue poner preso al piloto Camacho, por no haber obedecido; y amonestó severamente a Alvarado diciéndole que no era la manera de llegar a esas tierras. Con Melchor, el de Catoche, que iba solo porque Julián había muerto, dijo a los tres indios que había traído Alvarado, fuesen a llamar a los caciques y habitantes de aquel pueblo, dándoles algunos regalos para que los convenciesen, como así fue: al día siguiente llegaron todos los habitantes con mucha confianza. Allí en Cozumel, Cortés mandó hacer un recuento. *Y halló por su cuenta que éramos quinientos ocho, sin maestres, y pilotos y marineros, que serían ciento; y diez y seis caballos y yeguas: las yeguas todas eran de juego y carrera; y once navíos grandes y pequeños, con uno que era como bergantín, que traía a cargo un Ginés Nortes; eran treinta y dos ballesteros y trece escopeteros, que así se llamaban en aquel tiempo, y diez tiros de bronces y cuatro falconetes, y mucha pólvora y pelotas.* Estando en Cozumel designó como capitán de la artillería a un Francisco de Orozco, que había sido soldado en Italia. Bernal Díaz asegura que desde un principio, en todo ponía cuidado Cortés. Y lo llamó a él y a un vizcaíno de nombre Martín Ramos para preguntarles qué podrían significar aquellas voces de ¡Castilán! ¡Castilán!, que daban los indígenas cuando la expedición de Hernández de Córdoba y agregó que tenía por cierto se encontrasen algunos españoles en esas tierras, y dijo: *Paréceme que será bien preguntar a estos caciques de Cozumel si saben alguna nueva de ellos.* Empleando a Melchor como intérprete, aunque éste no había logrado aprender el español, les preguntó sobre ese asunto, y contestaron que habían conocido a ciertos españoles, que estaban tierra adentro como esclavos de unos caciques, como a dos soles de camino. Cortés les encargó que fueran a buscarlos, dándoles cuentas y otros regalos, pero el cacique dijo al capitán que enviase para pagar su precio a sus amos, recibiendo entonces cuentas y otras baratijas con las que salieron en búsqueda de los castellanos perdidos, al mismo tiempo que Cortés ordenaba a Diego de Ordaz que con dos navíos estuviese en la punta de Catoche esperando ocho días las noticias, que deberían ser comunicadas a Cortés con el navío menor. En dos días los mensajeros dieron con un español que se llamaba Jerónimo de Aguilar, al que le entregaron las cartas y las cuentas verdes que se le enviaron; le dio mucho gusto y obtuvo de su amo la libertad. Aguilar fue a donde estaba su compañero, llamado Gonzalo Guerrero y éste leyó la carta pero le dijo: *Hermano Aguilar: yo soy casado y tengo tres hijos, y tiénenme por cacique y capitán cuando hay guerras; idos con Dios, que yo tengo labrada la cara y horadadas las orejas. ¡Qué dirán de mí desque me vean esos españoles ir de esta manera! Y ya veis estos mis hijitos cuán bonicos son. Por vida vuestra que me deis de esas cuentas verdes que traéis, para ellos, y diré que mis hermanos me las envían de mi tierra.*

La mujer de Guerrero muy disgustada dijo: *¡Mira con qué viene este esclavo a llamar a mi marido; idos vos y no curéis de más pláticas!* Aguilar volvió a insistir con Guerrero, pero por más que le dijo, no quiso ir. Guerrero era natural del puerto de Palos y de oficio marinero; cuando Aguilar vio que no quería Guerrero irse con él, se apresuró a marchar con los dos indios a donde estaría el navío esperándolo, pero como ya habían pasado los ocho días, Ordaz regresó a Cozumel y Aguilar quedó muy triste. Cortés amonestó a Ordaz por no llevar a los españoles nuevas de ellos. A los expedicionarios les tocó asistir a unas ceremonias religiosas indígenas y después de enterarse de ellas, Cortés entró en explicaciones con los *papas* y los caciques para quitar de aquellos lugares los ídolos y poner en su lugar una imagen de Nuestra Señora y una cruz, diciéndoles que tendrían buenas cosechas y salvarían sus ánimas. Los *papas* no quisieron quitar de su propia mano los ídolos. Entonces los soldados los rompieron y los echaron a rodar y después de componer una pequeña capilla, el padre Juan Díaz dijo misa, que los *papas* y los caciques miraban con atención.

Después de estos sucesos, Cortés ordenó volver a embarcar y las naves quedaron distribuidas en la siguiente forma:

Cortés llevaba la capitana.

Pedro de Alvarado y sus hermanos, un buen navío que se decía "San Sabestián".

Alonso Hernández Puerto Carrero, otro.

Francisco de Morla, otro.

Otro, Escobar "El Paje".

Y el más chico, como bergantín, Ginés Nortes.

Y en cada navío su piloto, y por piloto mayor Antón de Alaminos, y las instrucciones por donde se habían de regir, y lo que habían de hacer, y de noche las señas de los faroles.

En cierto día de marzo, según dice Bernal, del mismo mil quinientos diez y nueve, Cortés se despidió de los sacerdotes y caciques, encargándoles que reverenciasen y tuviesen limpia la imagen de Nuestra Señora, haciéndose a la vela con muy buen tiempo y en dirección al poniente; como a las diez de la mañana se oyeron grandes voces de una de las naves y un disparo de cañón para que todos los navíos se dieran cuenta que el barco de Escalante salía de la formación y ponía proa a Cozumel. De la cofa un gaviero hacía señales para indicar que el navío embarcaba agua. Todos los navíos regresaron a la costa para ayudar a la tripulación de Escalante a desembarcar el pan, la pólvora y las armas, que corrían riesgo de perderse.

El náufrago entre tanto supo del regreso de la armada a Cozumel y se apresuró a contratar el servicio de dos indios remeros con su canoa para alcanzar a los barcos. Unos soldados que habían ido a cazar avisaron que se aproximaba una canoa y Cortés envió a Andrés de Tapia con dos hombres para ver de qué se trataba. Los indígenas remeros cuando vieron los barcos, querían escapar, pero Aguilar los convenció diciéndoles que eran de sus hermanos. Tapia envió a decir a Cortés que eran tres indios, pero cuando éstos saltaron a tierra, el español dijo: *Dios y Santamaría y Sevilla* y abrazó a Tapia. Todo el mundo se alegró pero los soldados le preguntaban a Tapia *¿Qué es del español?*, porque Aguilar tenía todas las apariencias de un indio, y el mismo Cortés preguntó, a lo que el náufrago contestó: *Yo soy*. Lo recibió con cariño, dándole en seguida ropa para que se vistiese. Aunque había perdido un poco la pronunciación, dijo el náufrago que se llamaba Jerónimo de Aguilar, natural de Ecija y que tenía órdenes de Evangelio; que hacía ocho años se había perdido con quince marineros y dos mujeres que iban del Darién a Santo Domingo, siendo hechos prisioneros por los caciques de la comarca y muchos de sus compañeros sacrificados a los ídolos y las dos mujeres perecieron de fatiga de moler maíz, y que a él ya lo tenían para sacrificar pero logró huir a refugiarse con un cacique amigo. Explicó que de todos sólo sobrevivían él y Gonzalo Guerrero, que estaba casado y tenía tres hijos y labrada la cara; que era hombre de la mar, de Palos, y que los indios lo tenían por muy valeroso; que cuando el asunto de Catoche con Hernández de Córdoba, él fue el que dirigió el ataque contra los castellanos. Cortés comentó que *le quisiera echar mano porque no podía ser bueno.* Cuando vieron los de Cozumel que Aguilar hablaba corrientemente con los españoles, le pidieron que dijese a Cortés extendiera una carta para cuando llegasen a Cozumel otros viajeros, los tratasen bien.

3

Las "lenguas"
Jerónimo de Aguilar y
doña Marina

Cortés dio la carta a los indígenas de Cozumel, se despidió de ellos con muchos halagos y ofrecimientos, embarcándose a la mar el día cuatro de marzo al frente de la armada, con buen tiempo, aunque en el canal los sorprendió un temporal que los puso en riesgo, pero el viento disminuyó en la noche y los navíos, que se habían dispersado, se reunieron salvo el de Juan Ponce de León, por lo que Alaminos propuso a Cortés regresar a buscarlo a una bahía, asegurando que no corría mayor riesgo porque el piloto de Velázquez de León, *El Manquillo*, muy experimentado y que había tomado parte en las dos expediciones anteriores. Toda la armada regresó a buscarlo y allí estaba anclada la nave. Como se veían unos adoratorios grandes, Cortés dispuso que un capitán llamado Francisco de Lugo desembarcase con soldados y encontró en los *cúes*, como les llama Bernal a los adoratorios, unos ídolos grandes de formas femeninas, por lo que le llamaron al lugar Punta de las Mujeres. Aguilar dijo que allí cerca estaba el pueblo donde vivía Gonzalo Guerrero y que si querían los guiaba, para ir allá, a lo que Cortés se negó. De Punta Mujeres despachó Cortés a un capitán apellidado Escobar para que con su navío fuese hasta la boca de Términos y viese si era puerto propio para poblar; si había mucha caza, como decían, que dejase señas si se había internado o que aguardase en la entrada. Llegó Escobar a Términos y encontró la perra de cacería que habían dejado los marineros de Grijalba. La armada llegó a Términos y al no ver la nave de Escobar, hizo Cortés desembarcar unos soldados que encontraron árboles cortados, pero sin ninguna otra noticia. Alaminos dijo que convenía seguir la ruta porque Escobar no podía haber entrado a ese brazo de mar y no iría lejos. En verdad, al poco de navegar un gaviero señaló la nave, que se detuvo para incorporarse a la armada. Escobar explicó a Cortés la razón de su proceder, y éste la encontró justificada; entre tanto llegaron frente a Champotón, en donde Cortés y algunos soldados de los que habían venido con Hernández de Córdoba querían desembarcar para darles un buen castigo a los indígenas que los habían derrotado y muerto a muchos compañeros, pero los pilotos hicieron ver que la costa era muy impropia para dejar anclados los navíos y correrían grave peligro, por lo que el capitán general dispuso seguir el viaje hasta el río de Grijalba.

Siguiendo la ruta, para el día doce de marzo llegó la armada al nombrado río de Grijalba, que los naturales llamaban de Tabasco. Quedaron en el mar los barcos de mayor calado y se aproximaron a la costa los menores y las chulupas grandes. En la ribera y en unos palmares se encontraban muchos guerreros; y en el pueblo estaban doce mil más, procedentes de Champotón y de Lázaro, porque los habían tachado de cobardes al haber entrado en tratos con Grijalba. Esta acusación los determinó a tomar las armas y a guerrear contra los españoles. Cuando pasaba una gran canoa con indios armados y ataviados que parecían principales, les dijo Aguilar que no moviesen guerra porque ellos venían de paz, pero furiosamente contestaron que los matarían a todos si entraban en el pueblo, que lo tenían bien fortalecido con troncos de árboles gruesos.

En la noche, Cortés envió a tres soldados para que viesen qué hacían los indios en el poblado y diesen cuenta pronto de ello para tomar las disposiciones y desembarcar al día siguiente, pero la información no aclaró nada. Temprano se oyó misa a bordo y el capitán ordenó que Alonso de Ávila con noventa soldados y diez ballesteros fueran por el camino del pueblo, mientras él con más soldados atacaría por otro lado. Con este propósito avanzaron los navíos y chalupas por el río, pero salieron muchas canoas cargadas de guerreros para impedir el desembarco, haciendo gran ruido con sus caracoles, silbatos y tambores de guerra. Cortés, por conducto de Aguilar, hizo otro requerimiento de paz para que los dejaran saltar a tierra a tomar agua y hablarles de Dios y de Su Majestad, requirimiento que hizo asentar por un escribano. Pero los indios estaban muy fieros y gritaban que no desembarcasen porque los matarían, tirando de inmediato una rociada de flechas contra los navíos e intentando cercarlos. Con grave riesgo, los españoles desembarcaron en una ciénaga baja que tenía mucha lama en el fondo, y sobre ellos cargaron los indios. Cortés perdió un zapato en el cieno y así medio descalzo logró llegar con sus hombres hasta la tierra firme, rechazando a los guerreros hasta las trincheras de troncones, pero no retrocedían más y se animaban entre ellos gritando que matasen o prendiesen al capitán. En esos momentos llegó Alonso de Ávila con sus cien soldados, y ya reunidos, fueron obligando a los guerreron a retirarse hasta un gran patio donde estaban los *cúes* o adoratorios con los ídolos. En ese lugar, Cortés dispuso que se detuviesen y no persiguieran más a los indígenas, tomando posesión de esa tierra en nombre de Su Majestad.

Poniendo "velas y escuchas" para evitar una posible sorpresa por parte de los indígenas, allí pasaron la noche, curaron catorce heridos que tuvieron y otro día, en la mañana, mandó Cortés a Pedro de Alvarado con cien hombres para reconocer la tierra adentro, y que llevase con él a Melchorejo, el de Catoche; pero cuando lo buscaron, ya se había huido con los de Tabasco. Cortés se disgustó mucho porque Melchorejo podía informar a los caciques sobre muchas cosas en perjuicio de los españoles; y entonces dispuso que con otros cien soldados saliera el capitán Francisco de Lugo, también a reconocer los alrededores. Lugo seguía un camino diferente del de Alvarado, pero no muy alejado y al poco andar se encontró con una multitud de guerreros que arremetió contra él y sus cien hombres poniéndolos en grave aprieto porque los rodearon y les impedían retirarse al real, a donde logró mandar a un indio de Cuba, buen corredor, a pedir auxilio; para entonces Alvarado, en el camino que seguía, encontró un pantano difícil de cruzar, que lo obligó a buscar otro camino y éste lo llevó a las cercanías donde los hombres de Lugo estaban combatiendo desesperadamente. Alvarado atacó por retaguardia a los escuadrones indígenas, mas los guerreros eran tan numerosos, que no los hizo retroceder sino solamente logró abrir una brecha para unirse a Lugo y poder retirarse al real de los *cúes*, en donde estaba Cortés también combatiendo contra otros numerosos grupos de guerreros muy valientes y agresivos, que mataron a dos soldados, hirieron a once y se retiraron dejando muchos muertos, heridos y tres presioneros, de los cuales uno era cacique. Los españoles, quince heridos, entre éstos el propio Bernal, sin que fuera de gravedad. Se pusieron *velas y escuchas* para seguridad y se mantuvieron con las armas en la mano; enterraron a los muertos y curaron a los heridos. El prisionero principal dijo a Aguilar que quien había aconsejado se les diese aquella guerra era el fugitivo Melchorejo, proponiendo la conveniencia de atacarlos de día y de noche repetidamente, y así los vencerían porque eran pocos. De esta manera Melchorejo se había convertido en su enemigo.

Cortés dio unas cuentas verdes al prisionero para

que fuese con los caciques principales y los invitase de paz, pero el recién liberado no regresó. Los otros dos prisioneros dijeron que allí se encontraban todos los caciques comarcanos con mucha gente de guerra para atacarlos al día siguiente en su propio campamento.

Cortés ordenó desembarcar todos los caballos, que estaban envarados de tantos días a bordo, pero con poco movimiento en tierra quedaron bien; y que todos los soldados, aunque estuvieran heridos, se alistaran para el combate que se avecinaba. Se mandaron a los barcos seis o siete soldados que, aunque eran jóvenes, se encontraban muy enfermos del *mal de lomos*, dolor muy agudo sobre la región renal, al grado que tenían que llevarlos cargados.

Cortés formó un pequeño cuerpo de caballos con trece jinetes que él personalmente mandaba, y a los que les dio la orden de no detenerse en lancear indios, sino después de haber destruido los escuadrones de guerreros; a Mesa el artillero, que tuviese listos los cañones; y como Diego de Ordaz no era hombre de a caballo, quedó como jefe de todos los soldados a pie.

Al día siguiente, que era fiesta de Nuestra Señora de Marzo, todos los soldados oyeron la misa que dijo Fray Bartolomé de Olmedo y salieron en busca del enemigo por las sabanas en donde había sido el combate de Alvarado y Lugo contra los escuadrones indígenas. El lugar se llamaba Zintla y allí venían los guerreros indígenas a buscarlos, como los castellanos iban en su búsqueda.

Y nos relata Bernal: *Topamos con todas las capitanías y escuadrones que nos iban a buscar, y traían grandes penachos, y tambores y trompetillas, y las caras almagradas blancas y prietas, y con grandes* arcos y flechas, y lanzas y rodelas, y espadas como montantes de a dos manos, y muchas hondas y piedras y varas tostadas, y cada uno sus armas colchadas de algodón. Y así como llegaron a nosotros, como eran grandes escuadrones, que todas las sabanas cubrían, y se vienen como rabiosos y nos cercan por todas partes, y tiran tanta de flecha y vara, y piedra, que de la primera arremetida hirieron más de setenta de los nuestros, y con las lanzas pie con pie nos hacían mucho daño; y un soldado murió luego, de un flechazo que le dieron por el oído; y no hacían sino flechar y herir en los nuestros, y nosotros, con los tiros y escopetas y ballestas y a grandes estocadas no perdíamos punto de buen pelear; y poco a poco, desde que conocieron las estocadas, se apartaban de nosotros; mas era para flechar más a su salvo, puesto que Mesa, el artillero, con los tiros les mató muchos de ellos, porque como eran grandes escuadrones y no se apartaban, daba en ellos a su placer, y con todos los males y heridos que les hacíamos no los pudimos apartar. Yo dije: "Diego de Ordaz, paréceme que podemos apechugar con ellos, porque verdaderamente sienten bien el cortar de las espadas y estocadas y por esto se desvían algo de nosotros, por temor de ellas y por mejor tirarnos sus flechas y varas tostadas y tantas piedras como granizos." Y respondió que no era buen acuerdo, porque había para cada uno de nosotros trescientos indios; y que no nos podríamos sostener con tanta multitud; y así estábamos con ellos sosteniéndonos. Y acordamos de allegarnos cuanto pudiésemos a ellos, como se lo había dicho al Ordaz, por darles mal año de estocadas, y bien lo sintieron, que se pasaron de la parte de una ciénaga. Y en todo ese tiempo, Cortés, con los de caballo, no venía, y aunque le deseábamos temíamos que por ventura no le hubiese acaecido algún desastre.

Acuérdome, que cuando soltábamos los tiros, que daban los indios grandes silbos y gritos y echaban pajas y tierra en alto, porque no viésemos el daño que les hacíamos, y tañían tambores y trompetillas, y silbos, y voces, y decían: Alala, Alala. Estando en esto, vimos asomar los de a caballo, como aquellos grandes escuadrones estaban embebecidos dándonos guerra, no miraron tan de presto en ellos como venían por las espaldas, y como el campo era llano y los caballeros buenos, y los caballos algunos de ellos muy revueltos y corredores, danle tan buena mano y alancean a su placer. Pues los que estábamos peleando, desque los vimos, nos dimos tanta prisa, que los de a caballo por una parte y nosotros por otra, de presto volvieron las espaldas. Y aquí creyeron los indios que el caballo y el caballero eran todo uno, como jamás habían visto caballos. Iban aquellas sabanas y campos llenos de ellos, y acogiéndose a unos espesos montes que allí había.

Y desde que los hubimos desbaratados, Cortés nos contó cómo no habían podido venir más pronto, por temor de una ciénaga, y cómo estuvo peleando con otros escuadrones de guerreros antes que a nosotros llegasen. Y venían tres de los caballeros de a caballo heridos, y cinco caballos. Y después de apeados debajo de unos árboles y casas que allí estaban, dimos muchas gracias a Dios por habernos dado aquella victoria tan cumplida; y como era día de Nuestra Señora de Marzo llamóse una villa que se pobló, el tiempo andando, Santa María de la Victoria, así por ser día

de Nuestra Señora como por la gran victoria que tu-
vimos. Esta fue la primera guerra que tuvimos en
compañía de Cortés en la Nueva España. Y esto pa-
sado, apretamos las heridas a los heridos con paños,
que otra cosa no había, y se curaron los caballos con
quemarles las heridas con unto de un indio de los
muertos, que abrimos para sacarle el unto; y fuimos
a ver los muertos que había por el campo, y eran más
de ochocientos, y todos los más de estocadas, y
otros de los tiros y escopetas y ballestas, y muchos
estaban medio muertos y tendidos, pues donde andu-
vieron los de a caballo había buen recaudo de ellos
muertos, y otros quejándose de las heridas. Estuvi-
mos en esta batalla sobre una hora, que no les pudimos
hacer perder punto de buenos guerreros hasta que
vinieron los de a caballo. Y prendimos cinco indios y
los dos de ellos capitanes, y como era tarde y hartos
de pelear, y no habíamos comido, nos volvimos al real,
y luego enterramos dos soldados que iban heridos por
la garganta y otro por el oído, y quemamos las heridas
a los demás y a los caballos, con el unto del indio, y
pusimos buenas velas y escuchas, y cenamos y repo-
samos.

Al terminar esta narración de la batalla, Bernal se ríe del historiador Francisco López de Gómara autor de una sofisticada historia de la Conquista, por asegurar que antes de llegar Cortés con los de a caballo, el apóstol Santiago o San Pedro cargó contra los indios en un caballo rucio, de color pardo claro, blanquecino; y dice burlonamente el soldado-cronista que seguramente por ser él un pecador no vio a ningún apóstol, y el jinete era Francisco de Morla con un caballo castaño, que venía en el grupo de Cortés.

Con los dos indios prisioneros que eran capitanes, sostuvo Jerónimo de Aguilar una plática y los calificó que servirían para enviarlos como mensajeros. Cortés les dio cuentas verdes y *diamantes* de vidrio azul, poniéndolos en libertad para que trajeran a los caciques de los pueblos a tratar de paz. Fueron y trataron con los principales, de suerte que éstos mandaron quince indios que estaban como esclavos, con las caras tiznadas y ropas muy destruidas, llevando comida que consistía en gallinas, pescado asado y pan de maíz; pero Aguilar los despachó a sus amos, diciéndoles que si querían tratar de paces, viniesen señores y no esclavos.

Al día siguiente llegaron al campamento treinta indios principales que llevaron regalos y comida en abundancia; pidieron permiso para quemar o enterrar los muertos; y cuando el capitán se los concedió, trajeron mucha gente que cumplió con el cometido. Estos treinta principales dijeron que al día siguiente vendrían todos los señores de los pueblos para tratar de paz.

Estando sobre aviso Cortés de la próxima visita, quiso amedrentar a los jefes indígenas con los caballos y las bombardas mandando que llevaran la yegua de Juan Sedeño, que había parido a bordo; y el caballo de Ortiz el Músico, que era muy alborotado, seguramente garañón (caballo sin castrar); y que alistaran la bombarda mayor con bastante pólvora y una buena *pelota*, proyectil de piedra.

Al mediodía llegaron cuarenta caciques muy bien ataviados, saludaron a Cortés, sahumaron a todos los que estaban en el real y pidieron perdón por lo pasado. Cortés, valiéndose de Aguilar se mostró como enojado y les dijo que ellos tenían la culpa de no haber aceptado la paz que se les ofrecía; que venían en nombre de un gran señor que se llamaba el emperador Carlos, del que eran vasallos; y que se les ayudaría si se portaban bien y si no, soltaría aquellos *tepuzquez*, como le llamaban en su lengua al hierro. Secretamente dio la orden que le dieran fuego a la bombarda que produjo un gran trueno y llenó de espanto a los caciques; pero Cortés les dijo que no tuvieran miedo porque él les había ordenado que no les hicieran daño. Luego llevaron el caballo, que cuando olió que allí había estado la yegua de Sedeño, empezó a patear y a relinchar, que aumentó el espanto de los caciques. Cortés mandó retirar al caballo y dijo a los indígenas que el animal aquél ya no estaba enojado porque él le había dicho que venían de paz y eran buenos. En eso llegaron treinta cargadores o tamemes, que llevaron a los castellanos comida de gallina, pescado y frutas. La plática se hizo amena y los caciques se retiraron muy contentos, regresando al día siguiente, que era quince de marzo; y llevaron algunas piezas de oro labrado, mantas muy grandes pero lo principal de los presentes fue el obsequio de veinte mujeres, que Cortés les agradeció del todo mas les pidió que poblasen aquel lugar con toda su gente, para saber que deveras estaban de paz. Los caciques llamaron a los vecinos y en dos días se volvieron a establecer. Cortés los invitó a abandonar las idolatrías y los sacrificios humanos, explicándoles como pudo, lo relacionado con la Santa Fe. Los caciques aceptaron que se les diese una imagen de Nuestra Señora, de aquella "Tececiguata", como le llamaban ellos a las grandes señoras; y luego mandó Cortés que los carpinteros Alonso Yáñez y

Alvaro López labraran una cruz que pusieron en los *cúes*. Los caciques se justfiicaron diciendo que el de Champotón aconsejó dar la batalla lo mismo que el indio Melchor. Cortés pidió que se lo trajesen pero dijeron que había huido. Posteriormente los castellanos supieron que lo habían sacrificado, como responsable de las derrotas. El capitán les preguntó de dónde traían el oro y las joyas, y los caciques contestaron que de Culúa, de México, de donde se pone el sol.

Al día siguiente se arregló el altar y dio misa el padre Bartolomé de Olmedo; se nombró al pueblo Santa María de la Victoria; Aguilar explicó a los indígenas lo relacionado a la Santa Fe y se bautizaron las veinte indias. *Y se puso por nombre doña Marina a aquella india y señora que allí nos dieron, y verdaderamente era gran cacica e hija de grandes caciques y señora de vasallos, y bien se le parecía en su persona... Y las otras mujeres no me acuerdo de todos sus nombres, y no hace el caso nombrar algunas; mas éstas fueron las primeras cristianas que hubo en la Nueva España, y Cortés las repartió a cada capitán la suya, y a esta doña Marina, como era de buen parecer y entremetida y desenvuelta, dio Alonso Hernández Puerto Carrero, que ya he dicho otra vez que era muy buen caballero, primo del conde de Medellín, y después que fue a Castilla Puerto Carrero estuvo la doña Marina con Cortés, y hubo en ella un hijo que se dijo don Martín Cortés.*

Estuvieron los españoles allí cinco días, para que se curaran los heridos y se aliviaran los del *mal de lomos*. Cortés ofreció ayuda a los caciques en lo que necesitasen. Como era Domingo de Ramos se hizo una peregrinación; oficiaron misa fray Bartolomé de Olmedo y el clérigo Juan Díaz y después, los indios se ofrecieron como vasallos del Emperador, siendo así los primeros que tuvo en estas tierras. Con la ayuda de los carpinteros indígenas se erigió una gran cruz en el pueblo de Zintla y auxiliados por los indios que en canoas llevaron muchos alimentos, los expedicionarios embarcaron y pusieron proa a San Juan de Ulúa navegando cerca de la costa; pasaron por Ayagualulco, que en el viaje de Grijalba habían nombrado *La Rambla*; por Tonalá, que habían nombrado San Antón; por el río Coatzacoalcos, de donde se miraba la sierra de San Martín; por frente a la desembocadura del río de Alvarado; por el río de Banderas. Le mostraron a Cortés a lo lejos la isla Blanca, la Verde y la de Sacrificios, llegando a la de San Juan de Ulúa el Jueves de la Cena de mil quinientos diez y nueve después del medio día. Puerto Carrero, recitando un verso del *Cantar de Roldán*, le dijo a Cortés que mirase las tierras ricas para que las supiese gobernar bien, a lo que Cortés contestó: *Dénos Dios ventura en armas, como al paladín Roldán, que en lo demás teniendo a vuestra merced y a otros caballeros por señores, bien me sabré entender.*

Dispuso el piloto mayor Antón de Alaminos que anclase la armada al oriente de la isla, para que estuviera protegida de los vientos del norte. Tan pronto como anclaron, llegaron dos canoas con indios, que reconocieron la nave capitana porque era la mayor y estaba abanderada, pidiendo hablar con el *tatuan*, con el señor. Doña Marina, que hablaba muy bien la lengua por serle nativa, los llevó con Cortés al que hicieron grandes reverencias y le dijeron que los mandaba un criado del gran Moctezuma, su señor, para saber quiénes eran, qué buscaban y si necesitaban algo para ellos o para los navíos, que lo dijesen para irlo a traer. Cortés respondió con ayuda de las dos "lenguas", como les llama Bernal a los intérpretes Aguilar y doña Marina, que se los agradecía; les dio de comer y de beber vino, les regaló cuentas azules y les dijo que venían a verlos para tratar con ellos y no para hacerles enojo alguno. Los mensajeros regresaron muy contentos.

4

El primer Ayuntamiento
en la América Continental

El Viernes Santo de la Cruz saltaron a tierra los castellanos y desembarcaron los caballos y la artillería poniéndolos en lugares seguros y prestos; levantaron un altar y se ofició misa. Todo el día se ocuparon en hacer chozas y enramadas en los médanos que ya conocían los que habían venido en la expedición de Grijalba. Al día siguiente, Sábado de Gloria, llegaron al real muchos indios enviados por un gobernador de Moctezuma, al que Bernal llama Pitalpitoque, que en efecto se nombraba Cuitlalpitoc y los soldados apodaron Obandillo, ayudándoles a arreglar bien las chozas y a poner toldos con unas mantas grandes, porque hacía mucho calor; y trajeron gallinas, pan de maíz y ciruelas de la tierra así como unas piezas de oro, diciéndole a Cortés que al día siguiente vendría otro gobernador con más provisiones; y así el domingo de Pescua de Resurrección volvió el propio Pitalpitoque acompañando a otro llamado Tendile, que traían con ellos a muchos indios cargando presentes y comida. Tendile hizo tres reverencias a Cortés y a los soldados que allí estaban; pero Cortés atendió a los gobernadores después de oír misa cantada, que presenciaron los indígenas. Comió Cortés acompañado por sus capitanes y los dos caciques, a los que les dijo, valiéndose de las *lenguas*, que eran cristianos y vasallos del emperador Carlos, su poderoso señor que los había mandado a estas tierras para hacerse amigos de su señor Moctezuma y tratar con él y sus vasallos; que dijera él dónde quisiera que se vieran, a lo que contestó Tendile en forma un tanto soberbia, que apenas habían llegado y ya querían hablarle; que por lo pronto recibiesen esos regalos y después dirían lo que quisieran. Manifestando eso, entregaron muchas piezas de oro muy bien hechas, diez cargas de ropa blanca de algodón y pluma y mucha comida. Cortés recibió los regalos agradecido, y les dio cuentas y baratijas de Castilla, rogándoles que mandaran decir a sus pueblos que vinieran a cambiar oro por cuentas, a lo que contestaron que así lo harían. Cortés mandó traer una silla con talladuras y piedras de colores montadas y una gorra carmesí con una medalla de oro de San Jorge, para que se la dieran a Moctezuma a nom bre del rey su señor en señal de amistad, Tendile lo remitió a Moctezuma y dijo que a su señor le gustaría conocer al señor de los castellanos. Tendile traía un grupo de buenos pintores que tomaron exactos retratos de Cortés, sus capitanes, de Aguilar, de doña Marina, de soldados y caballos, de navíos, tiros (como les llama Bernal Díaz del Castillo a las bombardas), pelotas, perros da caza y de todo lo que formaba el ejército. Cortés, para amedrentar a los indígenas, ordenó hacer una demostración con las bombardas bien cebadas y con los caballos que llevaban cascabeles en las cinchas; él mismo cabalgó y caciques y tamemes quedaron muy espantados cuando tronaron las bombardas lanzando las pelotas de piedra que retumbaban por los montes. Tendile, que era el más avispado de los dos embajadores, vio a un soldado que tenía un casco dorado pero mohoso y dijo que se parecía a un adorno que tenía su dios Huichilobos (así lo llamaremos, como nombra Bernal en toda su obra a Huitzilopochtli, dios de la guerra de los Mexicas) y que a su señor le gustaría verlo. Cortés se lo dio y le dijo que como quería saber si el oro de esa tierra era igual al de los ríos de su país, lo trajera lleno de pepitas de ese metal, para mandárselas al Emperador, su señor. Tendile se hizo llevar en postas y llegó ante Moctezuma, que quedó admirado del presente que le envió Cortés y del casco igual al de Huicholobos, teniendo por cierto con esto que los castellanos eran los que habían dicho sus antepasados vendrían a señorear aquella tierra.

Había quedado en el real, aunque en unas chozas algo separadas, el cacique Pitalpitoque con muchos indios preparando alimentos, pero no se los daban a

*Hernán Cortés recibe
a los enviados del
emperador Moctezuma II.*

los soldados, sino que éstos tenían que pescar o cambiar a los indios cuentas y vidrios por gallinas, pan de maíz, fruta o pescado asado.

A los siete días regresó Tendile con muchos tamemes cargados y un indio que era principal muy parecido a Cortés, que se llamaba Quintalbor, pero los soldados le llamaban entre ellos *Cortés*. Los dos caciques saludaron a Cortés y a los soldados, dando felicitaciones. Tendile mandó sacar los presentes y entre ellos un sol de oro, del tamaño de una rueda de carreta; otra pieza de plata, más grande, semejando a la luna y otras muchas piezas labradas con la técnica del vaciado, semejando pájaros, monos, penachos, venados, tigres, leones y otras figuras; y ordenó traer como treinta cargas de ropa de algodón y pluma, muy fina, diciéndole a Cortés que su señor se lo enviaba con gran voluntad y que se lo repartiera con los "téules", como les empezaron a llamar genéricamente a los españoles; pero lo que más interesó a los futuros conquistadores, fue el yelmo del soldado lleno de oro en granos chicos, indicándoles así que había ricas minas de ese metal precioso. Dijeron los embajadores que su señor estaba contento de que hombres tan esforzados llegasen a sus tierras; que deseaba mucho ver al Emperador; que dijesen lo que necesitasen para dárselos pero que no era posible que pasaran a verlo, poniendo para esto muchos pretextos.

Cortés dio las gracias e hizo algunos regalos a los embajadores pero les encomendó fueran a México a decirle al gran Moctezuma querían hablar con él, por encargo de su Emperador. Los embajadores dijeron que así lo harían, pero que era por demás. Cortés le mandó una copa de vidrio de Florencia y tres camisas.

Por otro lado, el capitán mandó a Francisco de Montejo, a Alaminos y a Juan Álvarez el *Manquillo* que navegaran costa adelante buscando un puerto más seguro porque allí en los arenales esos no era posible permanecer por los mosquitos. Cuando llegaron a la desembocadura del Pánuco ya no pudieron pasar por lo fuerte de las corrientes, pero habían encontrado un lugar muy propio para anclaje que los indígenas llamaban Quiauiztlan. Regresaron a San Juan de Ulúa.

El cacique Pitalpitoque, dejado por Tendile para que se encargase de abastecer de comida al real, descuidó su comisión y los soldados tenían que ir a pescar para abastecerse. El pan ya se había enmohecido y los indios de los alrededores que en principio iban a cambiar gallinas y algunas piezas de oro, ya no asistían.

Regresó el cacique Tendile solo, porque Quintalbor se había enfermado, y venía seguido de muchos tamemes con cargas de manta de pluma y cuatro *chalchihuis* o piedras de mucho valor entre ellos, que entregó a Cortés y le dijo con las *lenguas*, doña Marina y Aguilar, que su señor había quedado muy satisfecho de los regalos, que lo que ahora mandaba era para el Emperador; pero en cuanto a la visita para verlo, no se volviera a hablar de ello y que ya no mandara más mensajes a México. Cortés comentó con algunos soldados que de verdad debía ser un gran señor y que habría que ir a verlo algún día, en lo que estuvieron de acuerdo los soldados.

Los caciques embajadores presenciaron la oración del Ave María, circunstancia que aprovechó el padre Olmedo para darles una explicación sobre la religión cristiana y decirles que una de las causas por las que los había enviado su Emperador era para quitar que no sacrificasen ningún indio y que en los adoratorios pusieran una cruz y abandonaran las idolatrías. Y fue la última vez que asistieron embajadores al campamento; hubo carencia de alimentos, por lo que los soldados cambiaban por su cuenta baratijas por pescado para comer y por piezas de oro.

Cuando vieron que los soldados obtenían oro por su cuenta, los parciales de Diego Velázquez que había en la armada, preguntaron a Cortés por qué lo permitía y que él sólo debía hacerlo; y que debía nombrar un tesorero para recoger el real quinto de lo que se adquiriese. Cortés les contestó que tenían razón pero que ellos nombrasen el tesorero, designando entonces para tal efecto a un Gonzalo Mejía. Cortés les explicó, disgustado, que había disimulado el trueque que hacían los soldados porque no tenían qué comer; y que todavía mucho había que hacer para andar con egoísmos; que se había pregonado que ya no hicieran trueque y haber de qué comían.

Un buen día se dieron cuenta los castellanos que habían huido todos los indígenas y Pitalpitoque que había permanecido cerca del real, recibió órdenes de Moctezuma de retirarse para ya no tratar con los españoles, que creyendo éstos que estaban alistándose para atacarlos, permanecían muy alertas y listas las armas.

Un día, estando Bernal con otro soldado como vigilantes en los arenales, vieron venir cinco indios que los saludaron y pidieron hablar con el capitán. Bernal los condujo y llegando ante él, le dijeron *Lopeluzio, lope-luzio,* que según Bernal, en lengua totonaca significa *Señor, gran Señor.* Doña Marina preguntó si entre ellos había quienes hablaran náhuatl y le contestaron que sí, que había dos y que su señor los mandaba para saber quiénes eran y que estarían contentos en poderlos servir. Que no habían venido antes por temor a los de Culúa. Y de plática en plática supo Cortés que Moctezuma tenía enemigos. Los despidió y les dijo que iría a ver a su Señor.

Como los mosquitos eran insoportables y ya no había qué comer, los amigos y gente de Velázquez querían regresar a Cuba. Cortés entonces dispuso que saliera la armada a aquel pueblo que habían visto Montejo y Alaminos en su recorrido de la costa y que se llamaba Quiauiztlán, donde había una fortaleza y el litoral ofrecía abrigo a los barcos. Los amigos de Velázquez muy disgustados dijeron a Cortés que no debía hacer ese viaje porque ya no había provisiones, que habían muerto de heridas, dolencias y hambres treinta y cinco soldados y que los indígenas les darían guerra, por lo que sería mejor volver a Cuba a dar cuenta a Diego Velázquez del oro y de los grandes presentes de Moctezuma. Cortés les respondió que no era bueno el consejo porque se perdería lo ganado y que hasta entonces no se podían quejar de la fortuna y de que Dios los ayudaba; que comerían de los abastecimientos que tenían los indios de los pueblos cercanos. Esta explicación los conformó un poco, aunque seguían las murmuraciones.

Cortés entró en pláticas confidenciales con Puerto Carrero, los Alvarado, Cristóbal de Olid, Ávila, Juan de Escalante, Francisco de Lugo y otros capitanes y soldados. A Bernal le dijeron luego que para poblar esa tierra en nombre de Su Majestad era necesario que se nombrasen autoridades, proponiendo que a Cortés se le diese el cargo de Justicia Mayor y Capitán General, poniéndolo en conocimiento del rey. Los de Velázquez, que eran muchos, más que los de Cortés, lo supieron y dijeron al capitán que no estaba bien que anduviera con secretos y mañas para quedarse en esas tierras, que sería una necedad porque no había provisiones ni gente para poblar. Cortés les contestó de buena manera que se alistaran todos porque al día siguiente embarcarían para regresar a Cuba; pero los que estaban en el acuerdo alzaron la voz y le dijeron que si se iban los indígenas ya no les permitirían desembarcar otra vez y que en nombre de Dios y de Su Majestad allí poblase; que Diego Velázquez en Cuba hizo pregonar que tenía autorización para poblar, siendo al contrario; que ellos querían poblar y que regresase a Cuba el que quisiese. Cortés se hacía mucho del rogar porque era parte del programa, según se habían puesto de acuerdo; y al fin aceptó con las condiciones de que lo hiciesen justicia mayor y capitán general y que se le diese una quinta parte de los tesoros recogidos. Luego se le otorgaron poderes muy vastos, asentándolo todo el escribano real en un documento y los reunidos dispusieron que se fundara una villa allí, a la que se nombraría la Villa Rica de la Vera Cruz, por haber llegado un jueves de la Cena y desembarcado el Viernes Santo de la Cruz; y lo de rica, porque el capitán Puerto Carrero le había dicho a Cortés mirase bien aquellas tierras ricas para que las supiese gobernar.

Fundada la villa, se nombraron alcaldes y regidores, siendo alcaldes los capitanes Puerto Carrero y Montejo, este último fue nombrado para que se entendiera con Cortés, porque no lo quería bien; se puso una picota en el centro y una horca más alejada; se nombró por capitán de entrada a Pedro de Alvarado; maestre de campo a Cristóbal de Olid; alguacil mayor a Juan de Escalante; tesorero al ya citado Gonzalo Mejía y contador a Alonso de Ávila. De los demás personajes que fueron regidores, no los cita Bernal, *porque no hace el caso.*

5

En busca del
Gran Moctezuma

Los partidarios de Velázquez se disgustaron mucho por el nombramiento de las autoridades para el gobierno de la nueva villa; decían malas razones y hasta palabras duras en contra de Cortés porque aseguraban que Diego Velázquez no había dado poderes para poblar y sólo para recoger oro. Las cosas se pusieron graves y hasta hubo peligro que viniesen a las manos los amigos de Cortés con los partidarios de Velázquez. El Justicia Mayor secretamente dijo a Juan de Escalante su muy amigo, que hiciera aparecer las instrucciones que traía de Velázquez; y no sólo eso sino que las dio a un escribano para que las asentara en un documento para enviarlo a Su Majestad para que todo lo que se hacía era en su real servicio y no los fuesen a acusar de algo en contra, porque don Juan Rodríguez de Fonseca, obispo de Burgos y arzobispo de Rosano, ya andaba en esos trámites para destruirlos.

Pero los de Velázquez volvieron a argumentar que no había estado bien que nombraran autoridades sin tomarlos en cuenta a ellos, y que no querían estar a las órdenes de Cortés sino regresarse a Cuba, a lo que el Justicia Mayor y Capitán General les respondió que no detendría a ninguno por la fuerza y que podían irse los que quisieran, aunque se quedase solo y con esto sosegó a algunos de ellos; pero Juan Velázquez de León, Diego de Ordaz, Escobar el Paje, que había sido servidor de Velázquez, Pedro Escudero y otros amigos de Diego Velázquez, seguían murmurando y diciendo cosas de Cortés, por lo que éste, con la ayuda de sus amigos, aprehendió a Velázquez de León, a Ordaz, a Escudero, a Escobar el Paje y a otros más poniéndolos presos con cadenas y centinelas algunos días.

Se dispuso que fuese Pedro de Alvarado con cien soldados a conocer la tierra adentro, a unos pueblos cercanos y a traer maíz y otras provisiones, porque en el real había mucha necesidad, llevándose soldados partidarios de Velázquez para evitar que se levantaran en contra de Cortés. Alvarado llegó a pueblos de Culúa, o sea, sujetos a México y a Moctezuma y en los *cúes* de uno, encontraron los cuerpos de unos muchachos recién sacrificados, sin brazos ni piernas, porque, según dijeron otros indios, los habían llevado para comerlos. Allí en Cotaxtla, pueblo del actual estado de Veracruz, que era el principal, encontró Alvarado sólo dos indios y mucho abasto de comida: gallinas, legumbres y maíz, pero regresó Alvarado porque le recomendó Cortés que no fuera a hacer lo que en Cozumel. Entre tanto Cortés había aprovechado el tiempo para granjearse con dádivas de oro y ofrecimientos a los partidarios de Velázquez; y a Ordaz y a Velázquez de León, que estaban presos en los navíos, unos días después los puso en libertad y tuvo en ellos muy buenos amigos *y todo con el oro, que lo amansa*, cita Bernal. Ya estando las cosas así, acordaron irse al pueblo de Quiauiztlán, ya citado antes, en donde los navíos podían estar seguros. Llegaron a un río, donde posteriormente se fundó Veracruz, que yendo por tierra, lo cruzaron a nado y en balsas. Por allí quedaban unos pueblos sujetos a Cempoala, de donde eran aquellos cinco indios a los que llamaron "lopelucios". Llegaron a otro pueblo abandonado, en donde había unos adoratorios con indios sacrificados y como libros de papel que hacían los naturales. Allí durmieron esa noche sin cenar, y prosiguieron la marcha al siguiente día hacia el poniente hasta llegar a unas sabanas en donde estaban paciendo unos venados, de los cuales Alvarado, que iba a caballo, lanceó uno, pero no lo pudieron cobrar. En eso llegaron doce indios, que eran vecinos del pueblo donde habían dormido y dijeron que los enviaba su cacique para llevarles gallinas y pan de maíz, y rogarles que fueran a su pueblo, que estaba a un sol de camino. Continuando hacia el poniente, llegaron a otro pueblo, en donde también encontraron en los *cúes*. Los caciques se justificaron diciendo que el de cenar. Durmieron y muy de mañana se pusieron en camino, mandando seis de los indios que habían venido a su encuentro para avisar que iban a su pueblo de Cempoala, y los otros seis que les sirvieran de guías. Iban muy prevenidos, con sus corredores de campo, ballesteros y escopeteros listos, lo mismo que los *tiros*. Al llegar a poca distancia del pueblo, salieron veinte indios principales a recibirlos y les dijeron que su señor, que era muy gordo, no podía venir. Los españoles quedaron gratamente sorprendidos de ver tantas gentes en las calles que los salían a ver. A un jinete le pareció que las paredes eran de plata y doña Marina y Aguilar les hicieron ver que eran de cal o yeso, lo que produjo la burla. En los aposentos estaba el cacique, que era un hombre muy gordo, que hizo una reverencia a Cortés y lo sahumó. Los alojaron en un local muy grande, en donde cabían todos y les dieron de comer con tanta abundancia que los soldados le pusieron a aquel pueblo Villaviciosa, aunque Bernal le llamó Sevilla. Después de comer, Cortés habló con el cacique, que le regaló algunas piezas de oro diciéndole *Lopelucio, recibe esto de buena voluntad*. Cortés le dijo, con doña Marina y Aguilar, que se lo pagaría con buenas obras y lo que quisiesen lo dijeran, porque eran vasallos de un gran señor que era el emperador Carlos, que los enviaba para castigar a los malos y mandar que no sacrifiquen, y le explicó algo tocante a la religión cristiana. El cacique gordo se quejó muy amargamente de Moctezuma y de sus gobernadores, que los tenían sojuzgados y les quitaban todo, porque era muy poderoso y tenía muchos ejércitos. Cortés le dijo que él haría para que fuera desagraviado, pero que por el momento tenía que ir a ver sus *acales* o navíos y asentarse en el pueblo de Quiauiztlán; después se verían más despacio. Al día siguiente salieron de Cempoala y les dieron cuatrocientos tamemes o cargadores que los ayudaron a llevar las armas y el equipo con gran contento de los soldados. Caminaron todo el día y durmieron en un pueblo ya cercano a Quiauiztlán. Comieron de las provisiones que traían los de Cempoala y al día siguiente, como a las diez de la mañana, empezaron a subir en buen orden a la elevación donde estaba la fortaleza; el mando lo llevava Alonso de Ávila, hombre temperamental que vio que un soldado llamado Villanueva iba desordenado, por lo que le dio un golpe con la lanza que le lastimó un brazo y después le llamaban Villanueva el *Manquillo*. Llegados a la plaza en donde estaban los *cúes*, salieron unos quince indios con buenas mantas y unos braceros con incienso para sahumar al capitán y a los soldados. Le dijeron que los disculpase por haber huido pero que no sabían quiénes eran y les tenían miedo a los caballos. Cortés los trató amablemente y les dijo que eran vasallos de un gran señor, como era el emperador Carlos. En esa conversación estaban cuando le vinieron a avisar que traían en andas al cacique gordo. Cortés lo recibió junto con los caciques de otros pueblos y desde que llegaron fue para quejarse amargamente del gran Moctezuma, sus gobernadores y recaudadores, de sus graves abusos y exigencias y del estado de sojuzgamiento en que tenía a los veinte pueblos que formaban el señorío. Cortés lo consoló diciéndole que para eso lo había mandado su señor, el emperador Carlos, y que pronto lo vería. Estaban en esas pláticas cuando vinieron a avisar que venían cinco recaudadores de Moctezuma; y cuando lo supieron, los caciques se pusieron pálidos y temblaban de miedo; dejaron a Cortés solo para irse a atender a los visitantes. Los recaudadores de Moctezuma se portaban con despotismo y presunción; venían elegantemente vestidos con unos mantos finos y traían unos bastones muy originales, símbolos de su autoridad. Cuando pasaron frente al lugar donde estaban los españoles, ni siquiera se dignaron voltear a verlos y se dirigieron a una enramada que les habían hecho, en donde comieron los platillos que solícitamente servían los caciques de los pueblos de Cempoala. Llamaron al cacique gordo y lo amonestaron severamente por haber recibido a los castellanos sin la autorización del gran Moctezuma. Demandaron veinte indios jóvenes para que fueran sacrificados a su dios Huichilobos y que éste les diese la victoria, porque Moctezuma tenía resuelto combatir a los *teúles* y hacerlos sus esclavos. Todo esto lo entendió doña Marina, se lo dijo a Aguilar y éste a Cortés, que mandó llamar a los caciques y corroboró lo que le habían dicho las *lenguas.* Cortés les dijo que no tuviesen miedo y que ya les había dicho anteriormente, su señor, el emperador los mandó que viniesen a castigar a los malhechores y no consintiesen sacrificios y robos, aconsejando que pusieran presos a los recaudadores de Moctezuma. Los caciques se espantaron de tal osadía, pero ante la presión de Cortés, los echaron en prisión y con una especie de yugo en el cuello. Uno de los recaudadores intentó oponer resistencia y le dieron golpes con un palo. Cortés ordenó que no se le diese más tributo y obediencia a Moctezuma y que si en otros pueblos estaban recaudadores, le dijesen para mandarlos prender. Con esta medida y la propagación de la noticia, los pueblos totonacas otorgaron a los castellanos el título de *teúles*, dioses, porque sólo las deidades se atrevían contra el gran Moctezuma.

Pretextando que los caciques querían sacrificar a los recaudadores presos, Cortés puso soldados a cuidarlos, dándoles la orden que a media noche le llevaran a los dos más diligentes. Con las *lenguas* les preguntó por qué estaban presos y de dónde eran, haciendo como que no los conocía y que no sabía del suceso; les dio de comer y los puso libres para mandarlos a decir a su señor Moctezuma que él y sus soldados eran sus amigos y servidores y querían atenderlo en lo que fuese menester. Les dijo que a los tres compañeros en prisión, luego los pondría en libertad. Quedaron muy agradecidos y en una chalupa seis marineros los sacaron de las cercanías de Cempoala, e iban advertidos que se apresuraran a irse para que no los volviesen a aprehender.

Al amanecer, los caciques de los pueblos y el cacique gordo se sorprendieron de ver que dos prisioneros faltaban y a los tres restantes los querían sacrificar, pero Cortés se los quitó y mostró serio disgusto, echándoles la culpa que habían dejado escapar a dos prisioneros, por lo que les dijo que no podía confiarse en ellos para que los cuidaran y por eso mandó los tres recaudadores presos a los navíos y con cadenas, pero llegando, les mandó quitar las cadenas y les dijo que pronto los mandaría a México.

Los caciques totonacas estaban alarmados porque temían a Moctezuma, pero Cortés les aseguró que él los defendería. Entonces ellos contestaron que serían sus aliados y declararon dar obediencia a Su Mjestad el emperador.

Con el apoyo de los totonacas, Cortés resolvió fundar la Villa Rica de la Vera Cruz en unos llanos cerca del pueblo de Quiauiztlán; se trazó la iglesia, la plaza y los lugares para guardar los navíos, y pusieron los cimientos de lo que iba a ser una fortaleza, dándose prisa en trabajar los soldados. Cortés puso el ejemplo, personalmente cavaba y sacaba tierra a cuestas, seguido por todos los capitanes y soldados, al grado que pronto terminaron iglesia, casas y tenían muy adelantada la fortaleza, con la ayuda de los trabajadores indígenas.

Se supo en la Villa Rica que Moctezuma estaba furioso por la rebelión de los pueblos totonacas y de que le habían preso sus recaudadores, mostrando gran disgusto contra los españoles, pero cuando llegaron los dos indios que habían estado prisioneros y supo que Cortés los había puesto en libertad, bajó su ira y envió a dos que eran sus sobrinos con cuatro grandes caciques, que le llevaron a Cortés un presente de oro y mantas, pero se quejaba Moctezuma que los totonacas se habían rebelado por la ayuda de los castellanos, y que se negaban a entregar el tributo. Cortés respondió poniendo en libertad a los tres recaudadores restantes y diciéndoles que el gobernador de Moctezuma, Pitalpitoque, se había retirado como un villano, sin hablar; y que aquellos pueblos no podían servir a dos señores, porque acababan de reconocerse como vasallos del emperador, su señor. Los de a caballo hicieron una demostración corriendo por el llano. Los enviados de Moctezuma se retiraron muy complacidos.

Cortés resolvió ir a un pueblo llamado Cingapacinga, porque supo que allí había gente de Moctezuma.

Llevaría cuatrocientos infantes y catorce de a caballo. Entre los soldados que iban a ir, estaban siete de los partidarios de Diego Velázquez que se negaron definitivamente a tomar parte en cualquier empresa y que sólo querían regresar a Cuba. Los llamó Cortés y les preguntó por qué se querían regresar; y contestaron que porque no podrían poblar siendo tan pocos soldados y ya estaban cansados de andar de un lado a otro.

Cortés en principio les dio la autorización, pero luego las autoridades le hicieron ver que todo hombre que abandonaba a su capitán y a su bandera en peligro, merecía la pena de muerte. Cortés revocó la orden y los siete soldados quedaron burlados.

Con el arreglo del asunto de los soldados que se querían volver a Cuba, el capitán Cortés se puso en marcha con los cuatrocientos hombres que se han citado, hasta llegar a Cempoala, en donde tenían prestos dos mil guerreros de cuatro capitanías que se les unieron, y siguieron la marcha hasta las cercanías de Cingapacinga, donde salieron a recibirlos de paz ocho principales que le preguntaron a Cortés por qué los quería matar ya que aquellos guerreros de Cempoala eran sus enemigos y con la protección de los españoles los iban robando. Cortés ordenó que se detuvieran los guerreros cempoaltecas y los encontraron que ya estaban robando, por lo que Cortés tuvo gran enojo y dispuso que le llevaran lo que habían robado, devolviéndolo a sus propietarios. Por disposición de Cortés, los de Cempoala no entraron al pueblo y tuvieron que dormir en el campo. Los caciques de Cingapacinga quedaron muy complacidos y mandaron decir a los otros pueblos que los *teúles* se portaban con justicia, por lo que ellos y los de la comarca dieron obediencia a Su Majestad.

Los castellanos regresaron a Cempoala, en donde el cacique gordo los esperaba con grandes atenciones, manifestando que no querían que salieran de sus pueblos, por temor a Moctezuma. Que ya eran sus amigos y querían ser sus hermanos, por lo que les regalaron ocho indias, todas hijas de caciques, para hacer generación. Cortés se aprovechó de la ocasión para decirles que no podían tomar esas mujeres porque no eran cristianas y ellos seguían adorando a sus ídolos y sacrificando ánimas. Los caciques y *papas* dijeron que no podían dejar a sus dioses y ritos porque les daban salud y buenas sementeras. Pero Cortés aparte llamó a los soldados y les previno que estuvieran apercibidos con las armas porque iban a derrocar los ídolos. Cuando subieron al adoratorio los castellanos, llegó el cacique gordo junto con otros, muy alborotados, diciendo que si los derribaban, todos perecerían. Cortés los amenazó y como vio que habían puesto a sus guerreros sobre las armas, les dijo que los combatiría hasta quitarles la vida. Subieron cincuenta soldados al adoratorio y a fuerza de golpes de barra derrocaron los ídolos. Los guerreros alistaron sus armas y estaban prestos a atacar cuando Cortés se apoderó de los *papas* y del cacique gordo diciendo que los mataría si los indígenas iniciaban la guerra.

Cuando Cortés vio sosegada a la gente, hizo un gran parlamento, explicó sobre la religión cristiana y mandó llamar muchos indios albañiles para que los adoratorios fueran convertidos en una capilla, en donde ofreció misa el padre Olmedo y fueron bautizadas las mujeres indígenas, vestidas con ricas mantas y aderezos de oro. La sobrina del cacique gordo, muy fea, fue entregada a Cortés y las demás se repartieron entre los capitanes y soldados.

Después de estos acontecimientos en que se logró también la amistad entre los de Cempoala con los de Cingapacinga (pueblo hoy desaparecido), regresaron los castellanos a la Villa Rica y encontraron que había llegado un navío procedente de Cuba con diez soldados y dos caballos, con el capitán Francisco de Saucedo; y nuevas de que habían llegado de Castilla a Velázquez las autorizaciones para recoger oro y poblar, noticia que puso muy contentos a sus partidarios. Los soldados, que tres meses habían estado ocupados en construir la fortaleza, dijeron a Cortés la conveniencia de ir a ver quién era Moctezuma y saber de su poder; pero que antes convendría *enviar besar los pies a Su Majestad* y darle cuenta y razón de todo lo acaecido desde la salida de Cuba. Cortés dijo que ya lo había comentado con los capitanes pero que sería conveniente se le mandara todo el oro, porque si se retiraba lo que correspondía a los soldados, resultaría muy poco, mas como algunos no quisieran aceptar esto, encargó a Diego de Ordaz y a Francisco de Montejo de convencerlos y hacer firmar un documento en tal sentido. Ningún soldado se negó.

Cortés nombró como procuradores que fueran a Castilla a Alonso Hernández Puerto Carrero y a Francisco de Montejo; se alistó el mejor navío con quince marineros y dos pilotos, uno de ellos Antón de Alaminos, por ser el único que conocía el canal de Bahama. Montejo y Puerto Carrero llevaron cartas, una de Cortés, otra del Cabildo con la escritura de diez soldados y otra formulada por los capitanes y soldados en las que relataban al monarca las expediciones de Hernández de Córdoba, Grijalba y Hernán Cortés, explicando la intervención de Diego Velázquez y todas las correrías y aventuras en las tierras de la Villa Rica de la Vera Cruz, ciudad fundada en su real nombre. Dijo misa el padre Olmedo y el 26 de julio de 1519 salieron de San Juan de Ulúa y llegaron a La Habana con buen tiempo. Bernal acusa a Montejo que le mandó avisar a Velázquez la comisión que llevaban y el oro para Su Majestad. Velázquez comisionó a dos navíos armados para que recorrieran el canal de Bahama y trajesen presos a los comisionados de Cortés, pero los dos navíos tuvieron que regresar sin haber dado con los viajeros. Aconsejaron a Velázquez se quejara directamente a España y a los padres jerónimos de Santo Domingo, pero en ningún lado le daban buenas razones y se animó a formar una armada para que prendiese a Cortés, alistando a sus amigos y deudos, con diez y ocho barcos, grandes y pequeños, mil trescientos soldados y marineros puestos a los órdenes del capitán Pánfilo de Narváez, hombre alto y fuerte que hablaba con voz como de bóveda.

Entre tanto, los embajadores de Cortés y de los pobladores de la Villa Rica, desembocaron al océano, navegaron con buen tiempo y llegaron a Sevilla, siguiendo en posta a Valladolid, donde estaba la corte, pero allí supieron que el Emperador estaba en Flandes y consideraron propio hablar con el obispo de Burgos, don Juan Rodríguez de Fonseca, presidente del Real Consejo de Indias que los trató mal y le dio franco apoyo a Velázquez, expresándose muy mal de Cortés y de sus soldados, acusándolos que se habían rebelado en contra del adelantado de Cuba. Resolvieron ir a Flandes y allí lograron ser recibidos por el Emperador, que mostró gran contento por los informes que le dieron; y del tesoro supo que el obispo se había quedado con una parte, por lo que en adelante le tomó mala voluntad mientras que los conquistadores fueron tomados como muy leales y fieles servidores.

A los cuatro días que salieron de San Juan de Ulúa los embajadores para Su Majestad, unos parciales de Velázquez encabezados por un Pedro Escudero, Gonzalo de Umbría, el clérigo Juan Díaz y otros, resolvieron tomar un navío de poco porte e irse a La Habana a dar cuenta al Adelantado lo que estaba ocurriendo y que incautase la propiedad de Francisco de Montejo, pero uno de ellos llamado Bernardino de Coria se arrepintió y dio cuenta a Cortés, que los mandó aprehender, hizo que los juzgasen y tomadas todas las confesiones, firmó las sentencias para que Escudero fuera ahorcado lo mismo que un Juan Cermeño; a Umbría, que era piloto, se le cortaron los pies y a los otros se les dieron doscientos azotes. El clérigo Juan Díaz, por su estado religioso no se le hizo nada, pero quedó atemorizado.

Como se tenía la decisión absoluta de marchar a México en busca del gran Moctezuma y con la experiencia que se tenía de los que querían regresar a Cuba, los soldados amigos de Cortés le aconsejaron no dejase ningún navío en el puerto, sino que diese al través con todos; además, los maestres y marineros, que vendrían siendo unos cien hombres, se emplearían como soldados y no que estuvieran ociosos en el puerto. Cortés dijo que ya lo tenía resuelto y sólo quería que saliese de ellos. Nombró a Juan de Escalante, que era muy su amigo, para que se encargase de bajar a tierra todo lo útil de los navíos, que se diese a todos ellos de través y que sólo quedasen las chalupas grandes y los chinchorros, para pescar, porque escaseaban las provisiones y allí se cobraba buena pesca, aunque no mucha.

Estando Cortés en Cempoala, mandó llamar a todos los caciques de los pueblos de la sierra, confederados y enemigos de Moctezuma, para que ayudaran a los españoles que allí se quedaban con Juan de Escalante, a terminar las obras, que ya sólo faltaba maderear; y en caso que vinieran indios mexicanos a dar guerra, Cortés ofreció que regresaría en persona para ayudarles. Los caciques lo aceptaron de buena voluntad y sahumaron a Escalante como nuevo jefe.

Terminando en Cempoala los preparativos para la marcha a México, después de oír misa Cortés les dijo a los soldados que sólo les quedaba la ayuda de Dios, su buen pelear y los corazones bien puestos, porque ya no había ningún barco para regresar a Cuba. Mandó llamar al cacique gordo para pedirle doscientos tamemes y que vinieran con ellos cincuenta principales, hombres de guerra, que los acompañaran en la expedición.

En esas pláticas estaban cuando vino un soldado con carta de Juan de Escalante, de la Villa Rica, en la que decía andaba un navío por la costa; se le hicieron señales para entrar en relación pero el navío no quiso aproximarse y estaba surto en un río a alguna distancia de allí.

Cortés inmediatamente dejó el mando militar de Cempoala a Pedro de Alvarado y él con Gonzalo de Sandoval y cincuenta soldados se dirigieron a la Villa Rica en donde Escalante le dio cuenta de lo que pasaba y le dijo que reposase, a lo que se negó Cortés.

Siguiendo la costa en busca del navío, encontraron a cuatro españoles que venían a tomar posesión de aquella tierra en nombre de Francisco de Garay, gobernador de Jamaica. Uno de los españoles era el escribano Guillén de la Loa, al que Cortés preguntó por qué Garay quería tomar posesión de esas tierras y respondieron los cuatro que desde que se supo el resultado de las expediciones de Hernández de Córdoba y de Grijalba y que llevaron veinte mil pesos de oro a Velázquez, según lo que le dijo el piloto Alaminos al propio Garay; y como éste tenía en la Corte quien lo ayudase, sacó autorización para ser gobernador del Pánuco por lo que mandó a un capitán de apellido Álvarez Pinelo, que estaba poblando por el río San Pedro y San Pablo, pero declararon que ellos no tenían ninguna culpa. Cortés recurrió a una serie de trampas para hacer prisioneros a los del navío, pero sólo capturaron dos marineros más que habían bajado por agua. El navío se hizo a la vela y se perdió en el horizonte. Volvieron a la Villa Rica con los seis hombres de la expedición de Garay, que se sumaron a su fuerza.

Tan pronto terminó el asunto de los soldados de Garay, Cortés regresó a Cempoala para emprender el camino hacia México, pero preguntó a los caciques el camino más apropiado; y éstos le aconsejaron siguiera el de la provincia de Tlaxcala, que eran sus amigos y mortales enemigos de los mexicanos. El día 16 de agosto de mil quinientos diez y nueve salió el ejército de Cortés de Cempoala seguido de doscientos indios cargadores llamados *tamemes* para llevar la artillería, *que para nosotros los pobres soldados, no habíamos menester ningún*, dice quejumbroso Bernal, *porque en aquel tiempo no teníamos qué llevar, porque*

nuestras armas, así lanzas como escopetas y ballestas
y rodelas y todo género de ellas, con ellas dormía-
mos y caminábamos... y como he dicho siempre, muy
apercibidos para pelear. Explorando el terreno y cui-
dándose de una sorpresa con sus *corredores de campo*
y *soldados sueltos delante* llegaron hasta Jalapa y de
allí a Socochima (hoy Jico, en el estado de Veracruz),
lugares que no eran tributarios de Moctezuma y en
los que Aguilar y doña Marina dijeron a los vecinos
que eran vasallos de un poderoso señor llamado el emperador Carlos y que los envió para que los naturales
no adorasen más a los ídolos ni sacrificaran más ánimas; y como no eran tributarios de Moctezuma y sí
amigos de los cempoaltecas, hallaron buena ayuda de
ellos; los alojaron y les dieron de comer. Al día siguiente empezaron a subir a la gran meseta y pasaron
por sierras y puertos hasta llegar a Tejutla, donde
encontraron buena acogida, por ser enemigos de los
de México; pero pasando ese pueblo, entraron a una
extensa zona despoblada donde hacía mucho frío, ne-
blina y les llovió granizo, sin tener con qué abrigarse
y acostumbrados al clima caliente de Cuba y de las
costas del Golfo, los soldados sufrían mucho, máxime
que las provisiones escaseaban y pasaron un día sin
comer. Se aproximaron a un pueblo llamado Zocotlán,
que hoy se nombra Zautla, de donde mandaron a dos
mensajeros de Cempoala para decirle al cacique les
permitiera reposar allí. A esa población, cuyas casas
estaban muy bien encaladas, unos soldados portugueses que iban en la expedición le llamaron Castil-blanco. Salió a recibirlos el cacique, que se llamaba Olintecle, que les dio alojamiento, pero los del pueblo les
dieron de comer mal y de mala voluntad. Cortés allí

recibió la primera información que México estaba asentada en una laguna y que Moctezuma tenía muchos guerreros en todas las provincias que le estaban sujetas y otros más que tenía en las fronteras y provincias comarcanas, pero también les dijeron de los grandes tesoros que tenía Moctezuma, cosa que dejó admirados a los españoles. Olintecle dijo temeroso que no sabía si le pareciera bien a Moctezuma que los hubiese recibido allí y les hubiese dado de comer; a lo que Cortés le contestó por las *lenguas* que eran vasallos de un gran señor como era el emperador don Carlos y que venían de muy lejos, para mandarle a su señor Moctezuma que ya no sacrificara ni matara más indios, así como que diera su obediencia al emperador. Lo mismo dijo a Olintecle y a otros caciques que estaban allí, cesaran en sus sacrificios, porque así lo mandaba Dios Nuestro Señor y dispuso Cortés pusieran una cruz, pero el padre Olmedo lo convenció que así no lo hicieran porque notaba que los indios eran vasallos de Moctezuma y no tenían temor. Los caciques y Olintecle estaban intrigados al ver un perro grande que traían los españoles, los caballos y las bombardas, y se les dijo que era para matar a quien los hiciera enojar. Olintecle dijo: *Entonces deben ser teúles*. Les ratificaron esta idea al decirles que ellos habían preso a los recaudadores de Moctezuma, que suspendieron el pago del tributo, derrocaron los ídolos y antes habían derrotado a los de Tabasco y de Cingapacinga, por lo que se apresuraron a traer regalos consistentes en unas mantas y piezas de oro, lo mismo que trajeron molenderas para que preparasen el *pan de maíz* que comiesen los *teúles*. Bernal cita que en un adoratorio de *Castil-blanco*, como le llama Bernal

*Los españoles contemplan
asombrados el esplendor
de la Gran Tenochtitlán.*

al actual Zautla, vio un enorme rimero de calaveras de sacrificados que estimó en unos cien mil, y dice: *De lo cual tuvimos que mirar más después que entramos bien la tierra adentro, en todos los pueblos estaban de aquella manera, y también en los de Tlaxcala.*

Resolvieron continuar camino a Tlaxcala y Cortés preguntó al cacique Olintecle cuál sería el mejor y éste dijo que marcharan por Cholula, ciudad muy grande y de recursos; pero los cempoaltecas dijeron a Cortés: *Señor, no vayas por Cholula, que son muy traidores y tiene allí siempre Moctezuma sus guarniciones de guerra,* al mismo tiempo que recomendaban ir por Tlaxcala, que eran sus amigos y enemigos de los mexicanos. Acordaron seguir el consejo de los de Cempoala y sólo pidieron a Olintecle veinte hombres principales de guerra.

Al llegar a un pueblo pequeño propiedad de los caciques de Xalancingo, les regalaron unas mantas, un collar de oro y dos jóvenes indios. Cortés envió como mensajeros a dos caciques cempoaltecas, de los que declaraban ser muy amigos de los tlaxcaltecas, que llevaron una carta, como identificación, y un regalo. Cortés les mandó decir que iban a Tlaxcala para tenerlos por amigos, que con ellos marchaban otros amigos de Cempoala, de Zocotlán y de otros pueblos que se habían negado ya a entregar tributo a Moctezuma. Los españoles sabían que los de Tlaxcala estaban sobre las armas y tenían muchos escuadrones de guerreros porque eran desconfiados y en muchas ocasiones y diversas mañas habían entrado gentes a sus poblaciones a saquearlas. Cuando llegaron los mensajeros, inmediatamente fueron hechos presos sin escuchar la menor explicación. Los españoles estuvieron esperando respuesta dos días, que aprovechó Cortés para hablar a los caciques del pueblo y decirles que eran vasallos del emperador, de la santa fe cristiana y de que les dieran veinte hombres de guerra, como así fue. Y como en Tlaxcala andaban alborotados porque iba a haber guerra, descuidaron la vigilancia de los prisioneros, cosa que aprovecharon los dos cempoaltecas para escapar y presentarse a Cortés, diciéndole que cuando estaban presos, los tlaxcaltecas los amenazaban diciéndoles: *Ahora hemos de matar a esos que llamáis teúles, y comer sus carnes, y veremos si son tan esforzados como publicáis; y también comeremos vuestras carnes, pues venís con traiciones y con embustes de aquel traidor de Moctezuma,* y a esto dijeron todos los soldados: *Pues que así es, adelante, en buena hora.* Y encomendándose a Dios se pusieron en marcha. Cortés les aleccionaba cómo habían de pelear los de a caballo y a los infantes les reconocía que eran buenos soldados, porque ya lo habían demostrado.

Llegaron los españoles a un fuerte de piedra, que les explicaron sus aliados lo habían levantado los tlaxcaltecas para defenderse de los mexicanos, con los que tenían constantemente guerras.

De pronto aparecieron treinta guerreros armados con "montantes como espadas, que manejaban a dos manos" Cortés ordenó que hicieron algún prisionero, pero combatían tan bien que no fue posible capturar a ninguno. Tras de ellos estaban en celada un escuadrón de guerreros que lanzaron gran cantidad de flechas, hiriendo dos caballos, hasta que llegaron los de escopetas, ballestas y artillería, con lo que obligaron a los indios a volver la espalda, pero sin huir ni desbandarse y peleando en buen orden.

De aquel combate salieron heridos cuatro soldados españoles, de los cuales uno murió. Con el unto de un indio muerto curaron a los heridos. En el llano donde había sido la acción, los habitantes tenían sementeras de maíz y magueyes. Encontraron muchos perrillos gordos de los que cenaron aquella noche en que durmieron junto a un pequeño arroyo, poniendo rondas y escuchas y todo presto, por temor a ser atacados.

Al día siguiente, al avanzar, los españoles encontraron dos escuadrones de guerreros, que serían unos seis mil, con grandes gritos, tambores y trompetillas de guerra, tirándoles flechas y varas. Todavía Cortés mandó como emisarios de paz a tres indios que habían sido hechos prisioneros el día anterior, pero seguramente éstos los enardecieron más. Al no regresar los emisarios y cerrar los escuadrones indígenas peleando pie con pie, Cortés gritó el llamado tradicional: ¡Santiago y a ellos!, tirando las culebrinas, las escopetas y las ballestas, obligándolos a retraerse a una cortadura del terreno, en donde estaban cuarenta mil guerreros mandados por el capitán Xicontega (Xicotencatl), el mozo, con su divisa blanca y colorada. Pero la batalla arreciaba, tirando los indígenas con varas, flechas y hondas e hiriendo a muchos soldados. Los tlaxcaltecas se pusieron de acuerdo para apoderarse de un caballo y se lanzaron sobre la yegua que montaba un soldado llamado Pedro Morón. La mataron de una cuchillada que casi le desprendió la cabeza y a Morón lo hirieron gravemente, pero fue sacado del combate por un grupo de soldados que no dejaron de ser heridos. El cuerpo de la yegua muerta se lo llevaron, lo cortaron en cuatro para mandar sus partes a los pueblos de los alrededores como trofeos, mientras que sus herraduras fueron ofrecidas a los ídolos, junto con las cartas que les había enviado Cortés. La yegua muerta era la de Juan Sedeño, que había sido herido en el combate del día anterior; y se la prestó a Morón, que era muy buen jinete. Morón murió a consecuencia de las heridas dos días después.

Como los guerreros formaban grupos nutridos para atacar ordenadamente, eran fáciles víctimas de las bombardas que bien cebadas, les hicieron graves bajas y entre ellas las de ocho capitanes principales, hijos de viejos caciques, por lo que los escuadrones tuvieron que replegarse, con tranquilidad y sin ser perseguidos, llevándose todos los muertos y heridos. Para los españoles, la retirada de los indígenas fue su salvación porque *no podían más tenerse en pie*. El lugar de esta segunda batalla fue el llano de Tehuacingo (Tzompancingo, según Orozco y Berra), el dos de septiembre del mismo mil quinientos diez y nueve. Los españoles se retiraron al pueblecito en donde, después de tomar todas las providencias para su seguridad, curaron a los heridos que fueron quince, enterraron un muerto que recogieron del campo y durmieron en unos *cúes* amplios muy altos que les sirvieron de fortalezas.

El día siguiente lo dedicó el capitán al descanso de sus soldados, a curar los caballos, que eran cuatro heridos, y a componer y alistar el armamento; pero para el día cuatro, salieron a recorrer el campo, a pie y a caballo. Era un llano muy extenso, con casas y sembradíos. A pesar de lo maltratados que estaban los castellanos, Cortés decidió así hacerlo para evitar que los tlaxcaltecas fuesen a pensar que *dejaban de guerrear por la batalla pasada*. Con siete de a caballo, algunos ballesteros y escopeteros, doscientos soldados de espada y rodela y los guerreros aliados, con mucho cuidado recorrieron todo el caserío en donde hicieron prisioneros a veinte mujeres y hombres, mientras que los aliados quemaron muchas casas y recogieron mucha provisión que llevaron al campamento: unos perrillos gordos, gallinas y pan de maíz. Los prisioneros fueron bien tratados, se les dio de comer y se les puso en libertad para que fueran con los caciques a decirles que no dieran más guerras, porque los españoles iban de paz, deseaban ser sus hermanos y sólo querían pasar por su tierra para ir a México a hablar con Moctezuma.

Los mensajeros regresaron con soberbias y amenazadoras palabras del cacique principal Xicotenga (Xicotencatl), con el que habían tratado, les dijo que los iba a derrotar, para sacrificarlos, y que al día siguiente verían su verdadera respuesta. Cortés recibió muy bien a los mensajeros, les dio unos regalos y los halagó, para tenerlos satisfechos y poderlos volver a emplear en otra comisión similar. Los mismos mensajeros dijeron al capitán general que Xicotenga traía cinco capitanías y cada una de ellas con diez mil guerreros. Los capitanes eran: Xicotenga el viejo, padre del capitán principal; Maseescaci (Mexicatzin); Chichimecatecle (Chichimecatecuhtli) y Guaxobcin (nombre sin interpretación). El emblema de Xicotenga el joven era un guión con una garza blanca, que representaba las fuerzas de Tlaxcala.

Los españoles en su campamento estaban atemorizados y todos se confesaron con el padre Olmedo y con el clérigo Díaz, para obtener la victoria al día siguiente.

Al otro día, hasta los heridos tomaron las armas y

Cortés aleccionó a todos cómo debían combatir, sin perder la cohesión, siguiendo al estandarte que llevaba el alférez de apellido Corral, con cuatro soldados que lo protegían.

Apenas salidos del campamento, los españoles y aliados fueron rodeados por verdaderas masas de guerreros que los atacaban con piedras y varas tostadas, pero había surgido desavenencia entre Xicotenga y dos de sus capitanes, que se negaron a meter a sus guerreros al combate por donde el cacique principal lo ordenaba. Lo compacto de los escuadrones de guerreros los hacía fácil blanco para el tiro de las bombardas; y la intervención de los de a caballo, alanceando muy duramente, fue decisivo. Bernal fue herido dos veces por flechas así como otros muchos soldados. Un tiro de culebrina mató a un jefe principal y a otros que estaban con él. El número de los guerreros era tan cuantioso que se estorbaban entre sí para combatir. Por unos momentos la formación de los castellanos fue rota, pero volvieron a unirse ante el terrible riesgo de ser destrozados y, de pronto, los guerreros en buen orden, empezaron a retroceder, llevándose todos los muertos y heridos. Los españoles tuvieron más de sesenta heridos, algunos de ellos graves, y un muerto, al que enterraron rápidamente en el interior de una casa, para que siguiera en pie entre los enemigos la leyenda que eran *teúles*. Regresaron al campamento muy contentos por la victoria lograda, pusieron rondas, corredores del campo, espías y velas; curaron los heridos y reposaron, aunque con mucho frío porque no tenían ropa para cobijarse contra el viento que soplaba de la sierra. En la batalla habían prendido tres indios principales, enviándolos Cortés, junto con los otros dos que ya habían servido, como mensajeros para pedir a los de Tlaxcala que vinieran de paz y que sólo querían les permitieran pasar a México, y que si no venían, les iba a matar a todas sus gentes. Fueron los mensajeros y comunicaron su embajada a los caciques que estaban con los sacerdotes y adivinos echando suertes, porque los caciques preguntaban qué gente eran los blancos; que si se les podría vencer dándoles guerra continua y si eran en verdad *teúles*. Los sacerdotes o *papas* junto con los adivinos, dijeron que eran gente de carne y hueso, que comían gallinas y perrillos, pan de maíz y frutas y que no comían carne humana como les dijeron los de Cempoala, y que las bombardas tiraban rayos; que el perro era un león y que los caballos alcanzaban a los indios cuando los querían matar. Pero *papas* y adivinos les dijeron que debían atacarlos en la noche, cuando el sol estaba oculto, porque entonces perdían las fuerzas. Los caciques lo tuvieron por muy cierto y se lo dijeron a Xicotenga para que de inmediato fuera en la noche a darles guerra, por lo que juntó diez mil guerreros escogidos y marchó sobre el campo de los españoles, atacándolos con tanta energía que creyó pronto los tendría para llevarlos a sacrificar; pero los de Cortés estaban bien dispuestos y con las armas listas, por lo que los rechazaron causándoles muchos muertos y heridos, de los que dejaron más de veinte en el campo. La tristeza y desconcierto entre los caciques fue tan grande que hicieron responsables a los hechiceros y sacrificaron a dos, de los que habían dado el consejo de hacer esa guerra en la noche. Los españoles se retiraron a su campamento, en donde durmieron el resto de la noche. Al día siguiente enterraron a un indio amigo, de Cempoala, que había sido muerto en el combate. Todos estaban hasta con dos o tres heridas y ya faltaban cuarenta y cinco soldados, que habían muerto en los combates, por las heridas, dolencias o el frío. Cortés y el padre Olmedo tenían fiebre; y los soldados estaban, además de heridos, muy cansados y dolientes, pensando qué sería de ellos si pretendieran llegar a México, en donde había guerreros más poderosos y en inmenso número. Doña Marina y Aguilar dijeron a los indios que habían caído prisioneros y que Cortés despachó, avisasen a los caciques vinieran de paz, porque si así no lo hacían en dos días, les iban a destruir las tierras e irían a buscarlos a su ciudad.

Cuando llegaron los mensajeros a Tlaxcala les dieron su embajada a los dos grandes caciques: Xicotenga el viejo y Maseescaci, que de inmediato llamaron a los jefes y *papas* de todos los pueblos de la comarca y a los de Huejotzingo, sus amigos y confederados. Ya reunidos, los dos grandes caciques solemnemente expusieron que los *teúles* habían pedido estar de paz, que han devuelto, sanos y salvos y bien tratados a los prisioneros, que se les han dado guerras tres veces, de día y de noche, y no han sido vencidos y sí habían matado en los combates a muchos hijos, deudos y parientes; que los blancos han vuelto a demandar la paz y los de Cempoala que iban con ellos decían que eran enemigos de Moctezuma porque les han aconsejado que no le paguen más tributos; que tuvieran presente que los mexicanos hacía mucho tiempo les daban guerras y los tenían como sitiados, careciendo de sal, algodón y otras cosas necesarias y si alguien se atrevía a salir, corría peligro de ser muerto. Fueran *teúles* u hombres, sería bueno procurar su compañía y hacerlos familiares mandando cuatro principales que les dieran comida y mostrarles la paz dándoles mujeres para que hubiera generación. Y así lo aceptaron los caciques, pero cuando se lo avisaron a Xicotenga el mozo, se negó muy disgustado diciendo que ya había muerto a muchos *teúles* y a la yegua, y que con otra batalla nocturna los acabaría de vencer. Informados los caciques sobre la actitud de Xicotenga, dispusieron desconocerlo del mando militar y mandaron al cuartel de los castellanos a cuatro principales que les llevaran alimentos y negociaciones de paz en nombre de Tlaxcala y Huejotzingo.

Mientras tanto, como pasaban dos días y no tenían qué comer, los españoles fueron a un pueblo cercano llamado Zumpancingo, que era cabecera de muchos pueblos chicos, entre ellos en el que estaba su campamento, y una noche *al cuarto de la modorra*, algo así como a las cuatro de la mañana, con seis de a caballo, los soldados menos maltratados y con algunos ballesteros y escopeteros, fue Cortés al dicho pueblo, y hacía tanto frío que dos caballos se atorzonaron y tuvieron que regresar al campamento. Los habitantes del pueblo aquel salieron huyendo y gritando que los *teúles* los querían matar. Al salir el sol los españoles se habían apoderado de la plaza del pueblo, y unos sacerdotes que estaban en los adoratorios fueron ante Cortés y le dijeron que no habían ido antes de paz y para llevarles alimentos porque el capitán Xicotenga se los impidió. Cortés, que siempre se hacía acompañar por los intérpretes doña Marina y Aguilar, les dijo que no tuviesen miedo y que fuesen a decirles a los caciques que vinieran de paz. Los sacerdotes les dieron de comer y dos indias para que les hicieran tortillas. Cortés les pidió veinte indios para que les llevasen la provisión, a los que trataron bien y les dieron algunas cuentas verdes. Xicotenga se disgustó mucho con los sacerdotes por el trato en que habían entrado con los españoles. Pero los sacerdotes hicieron saber a los caciques que los castellanos no les harían daño y que fueran pronto a darse de paz.

De regreso al campamento, se acercaron a Cortés siete soldados de los que tenían propiedades en Cuba, tratando de convencerlo para que regresasen a la Villa Rica, de la que no se tenían noticias, y le dijeron que hizo mal en haber dado al través a los navíos, por lo que proponían construir uno y poder regresar a Cuba a dar recado a Diego Velázquez para que mandara socorros porque sería imposible marchar a México siendo tan pocos y todos heridos y flacos, que algún día u otro serían sacrificados a los ídolos. Cortés les contestó en palabras comedidas y en argumentación extensa que ya no podían volver atrás porque si no iban a México, sus aliados se levantarían contra ellos y se perdería todo lo ganado. Y les explicó que era necesario se les quitase la idea de regresar a Cuba. Los soldados, pareciendo convencidos, se retiraron pero murmuraban de Cortés y de los que lo aconsejaban, maldiciendo a los indios de Cempoala que habían recomendado seguir el camino de Tlaxcala, pero al fin y al cabo obedecieron lo que se les mandaba.

Entre tanto, los caciques mayores de Tlaxcala enviaron cuatro veces a decir a su capitán Xicotenga que no diese guerras y negociase la paz. Xicotenga entonces envió cuarenta indios con gallinas, pan de maíz, frutas y cuatro mujeres viejas, diciendo a Cortés que los mandaba su capitán Xicotenga para que sacrificara a las mujeres viejas y comieran de sus carnes y corazones si eran *teúles*; y si no, que comieran las gallinas y las frutas. El capitán les hizo saber que eran hombres de carne y hueso y que venían de paz; que eran cristianos y vasallos del emperador don Carlos, que los había enviado para que ya no sacrificaran o hicieran torpedades, invitándolos que vinieran de paz y dándoles las gracias por la provisión.

Tal pareció que los indios enviados por Xicotenga eran espías porque se fueron con información sobre cuántos españoles y aliados estaban en cada choza; de los caballos y artillería. Pero los de Cempoala los descubrieron, lo dijeron a doña Marina y ella a Cortés; apartó a dos tlaxcaltecas que parecían gente de bien y dijeron en verdad ser espías y así otros dos, que confesaron también a qué fueron y que los había enviado Xicotenga para que una vez obtenidos los informes necesarios, dar contra los españoles en el real esa misma noche. Cortés ordenó que se les cortase una mano o un pulgar a los espías y los mandó al campo tlaxcalteca para que dijeran cómo se les castigaba y que podían venir cuando quisieran, de día o de noche, y que si no venían en dos días, los irían a buscar, pero no para matarlos sino traerlos de paz. Xicotenga se desconcertó cuando recibió a sus espías de las manos cortadas y supo que estaba al descubierto.

Los españoles en su campo se ocupaban de arreglar las armas, preparar saetas y poner cuerdas nuevas a las ballestas cuando llegaron los corredores de campo a gran prisa para avisar que por el camino de Tlaxcala venían muchos indios con cargas en dirección al real. Cortés y los soldados se alegraron porque se dieron cuenta que esos caminantes cargados venían a ofrecer la paz, y recomendó mostrarse indiferentes. Se adelantaron cuatro principales, pusieron la mano en el suelo y besaron la tierra, diciendo que venían en nombre de todos los caciques de Tlaxcala, vasallos, aliados, amigos y confederados a solicitar la paz y la amistad de Cortés y sus hermanos, pidiendo perdón por la guerra dada por creer que eran amigos de Moctezuma, que eran sus enemigos mortales; y como venían con ellos muchos vasallos que le daban tributos por eso no creyeron a los mensajeros; que traían alimentos y que cada día traerían más; que a los dos días vendría el capitán Xicotenga con otros caciques que darían más informes sobre la buena voluntad de Tlaxcala.

Cortés se hizo el enojado diciéndoles que se les habían ofrecido paces y favorecerlos contra sus enemigos de México, sin haber sido escuchado, pero que ahora los recibía en nombre de su rey y señor y les agradecía los alimentos, encargándoles fueran con sus señores para que les dijeran vinieran de paz y si no, irían a su pueblo a darles guerra. Les dio unas cuentas azules para los caciques y les encargó les dijesen que vinieran de día. Los mensajeros dejaron en unas casas cercanas a las indias que iban a hacer pan, con todo su servicio. Y de allí en delante esas gentes los abastecieron bien.

Las victorias de las batallas de Tlaxcala llegaron a oídos del gran Moctezuma a la ciudad de México. El y sus caciques los empezaron a tener como muy esforzados guerreros, haciendo que cundiese el temor en todas sus tierras. Moctezuma, con miedo de que fue-

ran a México, despachó a cinco principales a Tlaxcala
y al cuartel de los españoles para felicitarlos por sus
victorias, mandándoles un magnífico regalo de joyas
de oro y de ropa fina de algodón, diciéndoles que
quería ser vasallo de su gran emperador y que se
alegraba estuvieran cerca de su ciudad y que dijesen
cuánto querían de tributo cada año para el emperador, que lo daría en oro, plata y piedras preciosas con
tal que no fueran a México, no porque le faltara voluntad de recibirlos sino porque la tierra era estéril y
fragosa y le pesaría mucho las grandes fatigas y trabajos que tuviesen. Cortés mandó dar las gracias por
la buena voluntad que mostraba, por los presentes
y por el ofrecimiento de tributo para Su Majestad.

Cortés había estado enfermo, y se encontraba platicando con los embajadores de Moctezuma cuando

le avisaron que venía el capitán Xicotenga con muchos caciques y gentes importantes. Al llegar al real hizo reverencias muy respetuosas y quemó copal. Cortés lo sentó junto a él y Xicotenga dijo que venía de parte de su padre y de todos los grandes caciques de Tlaxcala para pedir la amistad y el perdón por las guerras, que dijo se dieron por no saber quiénes eran y creer que venían de parte de Moctezuma, su enemigo; que eran muy pobres y no tenían oro ni plata ni piedras preciosas, ni algodón, ni sal porque Moctezuma se los impedía y dio muchas quejas sobre los mexicanos. Xicotenga no alzaba la voz, era alto y de complexión recia, bien hecho, como de unos treinta y cinco años, cara alargada y robusta. Les pidió fueran a su ciudad para confirmar la paz, ofreciéndose a quedar como rehén y garantía. Todo esto se trató frente a los embajadores de Moctezuma, que mostraron pesar por dichas paces pero luego dijeron a Cortés, riéndose, que no confiase en los tlaxcaltecas porque eran muy traidores y que tuviese presente las veces que le habían dado la guerra y ahora querían vengar a sus muertos. Cortés contestó que si eso ocurriera, tanto mejor para castigarlos y quitarles la vida y por eso tenía resuelto ir a México. En oyendo esto, los de Moctezuma pidieron seis días para mandar avisar a su señor y obtener respuesta.

Para aprovechar el tiempo y ya segura la amistad de los pueblos hasta la costa, Cortés escribió a Juan de Escalante, a quien había dejado de capitán de la guarnición en la Villa Rica de la Vera Cruz, para darle cuenta de las victorias obtenidas, diciéndole que favoreciese a los pueblos totonacos, que eran amigos; que le mandase dos botijas de vino y hostias, de las que se aportaron de Cuba, porque ya se habían acabado las que trajo el padre Olmedo. Escalante contestó por posta remitiendo los encargos y dando cuenta de los adelantos en las obras de la fortaleza.

Los caciques de Tlaxcala insistían a diario para que Cortés y los suyos fuesen a su ciudad, pero se estaba esperando a que regresasen los mensajeros de México; y a los seis días llegaron seis principales que llevaron un rico presente de oro y mantas, pero recomendaba el propio Moctezuma cuidaran que los de Tlaxcala no los robasen, porque eran muy pobres y ladrones, pero Cortés le mandó decir que perdiera cuidado, que no harían villanía alguna. Cuando avisaron a Cortés que venían los principales de Tlaxcala, pidió a los embajadores mexicanos lo esperasen tres días, que tardaría en terminar las paces con los de Tlaxcala.

Llegado al campo de los castellanos con un numeroso acompañamiento de gentes importantes, Xicotenga el viejo dijo a Cortés: *Malinche, muchas veces te hemos enviado a pedir que nos perdones porque salimos de guerra, y ya te enviamos a dar nuestro descargo, que fue por defendernos del malo de Montezuma y sus grandes poderes, porque creíamos que érais de su bando y confederados, y si supiéramos lo que ahora sabemos, no digo yo saliros a recibir a los caminos con muchos bastimentos, sino tenéroslos barridos y aún fuéramos por vosotros a la mar adonde teníais vuestros acales (navíos), y pues ya nos habéis perdonado, lo que ahora venimos a rogar yo y todos estos caciques, es que vayáis luego con nosotros a nuestra ciudad, y allí os daremos de lo que tuviéremos, y os serviremos con nuestras personas y haciendas. Y mira, Malinche, no hagas otra cosa, sino luego*

nos vamos, y porque tememos que por ventura te ha-
brán dicho esos mexicanos alguna cosa de falsedades
y mentiras de las que suelen decir de nosotros, no lo
creas ni los oigas, que en todo son falsos; y tenemos
entendido que por causa de ellos no has querido ir a
nuestra ciudad.

Cortés dio las gracias por los abastecimientos y
dijo que no había ido porque no tenía quien llevase
los *tepuzques,* lo que sorprendió a los caciques y en
media hora llevaron como quinientos tamemes para
el día siguiente muy temprano se pusieron en camino
a Tlaxcala "con mucho concierto": caballos, artillería,
escopetas, ballestas y todo lo demás. Cortés llevó a
los embajadores de Moctezuma cerca de él para que
no fueran maltratados. De la primera entrevista de
los caciques tlaxcaltecas con el capitán Cortés, los
indígenas le empezaron a llamar *Malinche* y se debió
a que constantemente se valía de doña Marina para
hablar con ellos, y esta mujer se llamaba *Malintzin,*
nombre que los castellanos oían pronunciar *Malinche.*

Puestos en camino hacia Tlaxcala, los caciques se
adelantaron para encargarse de la recepción, y estando los españoles a muy poca distancia, salieron los
mismos caciques con sus familias, representando
las cuatro partes en que estaba dividida Tlaxcala.
Luego salieron los *papas* o sacerdotes a sahumarlos,
y la gente en las calles y azoteas no cabían de tantas
que eran, que los recibieron con flores y los caciques
los llevaron a unos cómodos alojamientos, pero Cortés pidió que lo pusieran junto con los embajadores
de Moctezuma. Cortés ordenó a sus soldados que no
porque ofreciesen tantas buenas voluntades se descuidase la vigilancia y descuidasen las armas, razón

por la cual Xicotenga el viejo y Maseescaci le dijeron con disgusto que o todavía los juzgaba como enemigos o por las malas razones que los mexicanos le habían dado, y que si no les tenía confianza pidiera a quienes quisiera como rehenes. Cortés les dijo que no había necesidad de rehenes pero era cosa de costumbre estar alertas y que no lo tomasen a mal.

La entrada a Tlaxcala fue el día 23 de septiembre de mil quinientos diez y nueve. Al día siguiente mandó poner Cortés un altar y que oficiara el clérigo Juan Díaz, porque el padre Olmedo estaba muy débil por las fiebres. Estuvieron presentes en la misa los caciques principales. Después entró Cortés a su alojamiento y los jefes tlaxcaltecas le llevaron unas pequeñas piezas de oro de escaso valor, explicando que no tenían más porque se lo habían dado a Moctezuma para que no les diera guerras. Xicotenga expuso que querían dar sus hijas para que se casesen con los castellanos para que hubiera generación y que vieran que los querían tener como hermanos. Entonces el padre de la Merced, que era fray Bartolomé de Olmedo, le dijo a Cortés que era oportuno decirles que dejaran sus ídolos y que no recibirían a sus hijas hasta que abandonaran las idolatrías.

Al otro día, cuando llevaron a cinco hermosas doncellas, Cortés les dijo por qué causa no las podían recibir y que el rey su señor los había mandado para ver ya que no hicieran sacrificios y torpedades como acostumbraban. Doña Marina y Aguilar, que ya tenían mucha experiencia en explicar esto lo hicieron muy bien; y que si deveras querían ser sus hermanos y tener amistad real, debían adorar como ellos a Nuestro Señor Jesucristo. Los caciques contestaron que no podían dejar sus costumbres religiosas porque el pueblo sería castigado con pestes y hambres. El mismo Olmedo recomendó a Cortés que no se volviese a tocar ese asunto y menos hacer lo que en Cempoala, derribar los ídolos, porque no arreglarían nada y hasta que no tuvieran conocimiento de la santa fe. Lo mismo opinaron los capitanes Velázquez de León y Francisco de Lugo. Sin embargo, les pidieron que en un adoratorio nuevo se quitaran los ídolos y se encalara para dejarlo limpio. Se puso una cruz y una imagen de la Virgen María. Allí se dijo misa y se bautizaron a las jóvenes indias. A la hija de Xicotenga el viejo, que era ciego ya por su edad, le pusieron doña Luisa y se la dieron a Pedro de Alvarado; las otras se las dieron a Juan Velázquez de León, a Gonzalo de Sandoval y a Cristóbal de Olid y a Alonso de Ávila. Alvarado tuvo de la cacica hija de Xicotenga un hijo que se llamó don Pedro; y una hija, que se llamó doña Leonor, que fueron personajes importantes en los primeros años del México colonial.

Cortés en varias ocasiones estuvo platicando con los principales caciques tlaxcaltecas para preguntarles cosas de México y le dijeron que Moctezuma podía poner sobre las armas hasta ciento cincuenta mil guerreros y que lo tenían por experiencia porque hacían más de cien años que les daban guerras, a lo que Cortés les dijo: *Pues con tanto guerrero que decís que venían sobre vosotros ¿cómo nunca os acabaron de vencer?* Dijeron que muchas veces los derrotaban y les llevaron vasallos para sacrificar pero que también los mexicanos dejaban en los campos de batalla muchos muertos y prisioneros; y que como los mexicanos tenían muchos enemigos, se aliaban contra ellos, o pueblos que tenían sujetos, y que obligaban a que sus guerreros fueran a atacarlos, los dichos guerreros hasta informes les daban sobre las intenciones que tenían los caciques mexicanos. Luego dijeron de la gran fortaleza de la ciudad de México que está en una laguna, que hay que entrar por puentes y si se levanta uno de ellos, la ciudad queda aislada; y que las casas tienen fuertes de madera en los techos, de donde se pueden muy bien defender, que la ciudad se abastece de agua para tomar de unos manantiales que se encuentran en un cerro llamado de Chapultepec, que está a una distancia corta; luego hicieron referencia a las armas que tenían los mexicanos, varas de dos gajos con tiraderas que pasan cualquier escudo y buenos flecheros; lanzas de pedernales, honderos con piedras rollizas, espadas de navajas de a dos manos y rodelas y mantas de algodón para defenderse. Cortés y algunos soldados preguntaron a los caciques que cómo es que ellos habían venido a poblar esas tierras y les relataron una serie de leyendas y cuentos, pero trajeron unos huesos o zancarrones muy grandes. Dice Bernal: ...*Yo me medí con él y tenía tan gran altor como yo, puesto que soy de razonable cuerpo... Y nuestro capitán Cortés nos dijo que sería bien enviar aquel gran hueso a Castilla para que lo viese Su Majestad, y así lo enviamos con los primeros procuradores que fueron.* Volvieron a decir los caciques que uno de sus ídolos les había dicho a sus antepasados *que vendrían hombres de las partes de donde sale el sol y de lejanas tierras a los sojuzgar y señorear...* y que por eso querían emparentar con ellos, porque eran esforzados y buenos. Cortés explicó que sí venían de tierras de donde sale el sol y que el rey los había man-

Moctezuma II recibe a Hernán Cortés en la entrada de la Gran Tenochtitlán, "corazón del mundo náhuatl".

dado para tenerlos como hermanos y que pedía a Dios para que sus almas se salven.

Estando los españoles en Tlaxcala, un volcán que cerca de Guaxocingo (Huejotzingo) echaba mucho fuego, cosa que los tenía admirados. Entonces el capitán Diego de Ordaz pidió licencia a Cortés para subir, llevando a dos soldados y algunos indios principales de Huejotzingo, que se devolvieron a medio camino del Popocatepeque (Popocatepetl), como se llamaba aquel volcán. Diego de Ordaz continuó subiendo con sus dos compañeros hasta llegar al cráter. De allí contemplaron la gran ciudad de México, toda la laguna y todos los pueblos de los alrededores. Regresó Ordaz lleno de gozo con sus dos compañeros, admirados de haber visto a México; y los indios de Tlaxcala y Huejotzingo lo tomaron como un gran atrevimiento. Cuando fue Diego de Ordaz a Castilla pidió al emperador que le concediera como armas nobiliarias en su escudo la figura del volcán, como así fue.

Los castellanos en su recorrido por la ciudad de Tlaxcala, encontraron unas casas de madera en donde estaban encarcelados muchos indios e indias a los que tenían preparándolos para ser sacrificados ya cuando estuviesen gordos y comer de sus carnes. Los soldados rompieron aquellas cárceles y pusieron en libertad a los indios, que luego no se querían separar de ellos para salvar las vidas, y quedó establecido que llegando a cualquier pueblo, buscasen cárceles iguales para poner en libertad a las futuras víctimas. Cortés mostró gran enojo por esa crueldad y riñó a los caciques de Tlaxcala, que prometieron ya no sacrificar más ni comer carne humana.

6

La matanza de Cholula

A los diez y siete días de estar en Tlaxcala, Cortés hizo consejo con los capitanes y soldados de su confianza y se resolvió seguir la marcha a México, aunque en el campamento hubo muchas discusiones con los soldados que decían que era cosa muy atrevida ir a meterse en una ciudad tan fuerte como era México, pero Cortés les respondía que ya no se podía hacer otra cosa. Los soldados que mostraron buena voluntad dijeron *¡Adelante, en buena hora!* Y cuando

Xicotenga el viejo y Maseescaci, los grandes caciques de Tlaxcala supieron la determinación que se había tomado, se mostraron tristes y no dejaban de decirle a Cortés que no se confiase de Moctezuma ni de ningún mexicano y que no creyese de sus grandes reverencias porque todo era de traición; que no descuidase estar alerta de noche y de día porque en el menor descuido le darían guerra; y que cuando peleasen con ellos, no dejasen con vida ni al viejo ni al mancebo. Cortés dio las gracias por los buenos consejos y les regaló mucha ropa fina de la que le había mandado Moctezuma.

Todo lo que platicaban Cortés y los tlaxcaltecas era lejos de los embajadores de Moctezuma, que no se habían retirado porque iban a servir de guías, proponiendo que se siguiera el camino de Cholula, por ser el más llano y porque los habitantes de esa ciudad eran vasallos de su señor y así rendirían servicio. Los caciques tlaxcaltecas propusieron que mejor fueran por el camino de Huejotzingo, que eran sus parientes y buenos amigos. Cortés mantuvo la decisión de ir por Cholula, porque era una ciudad grande, importante y de grandes adoratorios y recursos y cerca de Tlaxcala, para tener a la mano a los amigos. Después de las pláticas y acuerdos, Cortés mandó mensajeros a Cholula, suplicándoles vinieran sus caciques y *papas* para hablar con ellos y preguntarles cómo estando tan cerca no habían tenido atenciones con los representantes de un monarca tan poderoso como era el emperador. Cuando estos sucesos tenían lugar, llegaron al cuartel cuatro embajadores de Moctezuma, que traían presentes de joyas de oro y ricas mantas de pluma y dijeron que se extrañaba su señor de los españoles por estar tantos días entre aquella gente pobre, que ni para esclavos servían, y que bien se cuidasen porque eran ladrones; que fueran pronto a su ciudad, se los rogaba, pero en realidad esto lo hacía Moctezuma para sacarlos de Tlaxcala, porque supo que habían hecho allí firmes amistades. Entonces Cortés resolvió enviar a dos de sus capitanes para ver y hablar con Moctezuma y ver la ciudad de México con sus fortalezas y contingentes de guerreros. Para el efecto nombró a Pedro de Alvarado y a Bernardino Vázquez de Tapia, quedando como rehenes cuatro de los embajadores que habían llevado los últimos presentes, pero los capitanes y soldados hicieron ver a Cortés lo riesgoso de la empresa, y se dieron órdenes para que regresaran los dos enviados. Los principales que habían estado desde hacía días en el campamento, servían de acompañantes a Alvarado y a Tapia, y prosiguieron viaje. Llegados ante Moctezuma, éste les preguntó cómo eran los dos capitanes que iban a ir ante él, y le dijeron que Alvarado era de gracia, llevándole su retrato pintado en una manta y desde entonces le llamaron *Tonatiuh*, que quiere decir *el sol*. Regresando los dos capitanes a Tlaxcala, llegaron al campamento de Cortés cuatro indios de ninguna importancia que enviaban los caciques de Cholula, mandando decir que por estar enfermos no podían venir, y no trajeron ni comida ni ningún presente. Los caciques de Tlaxcala explicaron que los de Cholula enviaron a esos cuatro macehuales o gente de ningún valer, como burlándose de los españoles. Cortés les mandó de embajadores a cuatro cempoaltecas con los que les dijo que vinieran en tres días cuatro principales y que si así no lo hacían, los juzgaría como rebeldes, que los quería para tratar cosas de su buen vivir y tenerlos como amigos y hermanos tal como a los de Tlaxcala, y que si no querían su amistad, buscaría la manera de molestarlos. Regresaron los embajadores con la respuesta de los de Cholula diciendo que no irían a Tlaxcala porque eran sus enemigos y habían dicho muchos males de su señor Moctezuma; que fueran a su ciudad y que salieran de los límites de Tlaxcala, para que los recibieran como era debido. Los jefes tlaxcaltecas cuando supieron que Cortés iría por el camino de Cholula, le dijeron: *Pues que así quieres creer a los mexicanos y no a nosotros, que somos tus amigos, ya te hemos dicho muchas veces que te guardes de los de Cholula y del poder de México. Para mejor te puedas ayudar de nosotros tenémoste aparejados diez mil hombres de guerra que vayan en tu compañía.* Pero Cortés dio las gracias y consideró que era impropio llevar tanta gente de guerra a tierras en donde se buscaba la amistad y sólo aceptó mil, los demás se quedaron en sus casas.

Puestos en muy buen orden y tomando las medidas apropiadas, los castellanos se pusieron en marcha para la ciudad de Cholula y llegaron a dormir en la proximidad de un río, en donde levantaron un campamento; y esa misma noche enviaron los caciques de Cholula a unos mensajeros, hombres principales para darles la bienvenida y llevarles alimentos, disculpando a los caciques y *papas* de no haber venido luego, pero que al día siguiente irían. Cortés dio las gracias y con sus corredores del campo, sus espías y escuchas muy bien prestos, pasaron allí la noche para al día siguiente muy temprano ponerse en marcha a Cholula y ya cerca de la población, salieron a recibirlos caciques, *papas* y otros muchos indios, muy bien vestidos y de paz y buena voluntad, con braseros para sahumar a Cortés y a los que con él iban, pero dijeron a doña Marina avisase a Cortés que no estaba bien que los tlaxcaltecas, que eran sus enemigos, entrasen a su ciudad. Mandó el capitán llamar a los caciques y *papas* cholultecas y fueron tres principales y dos *papas* y dijeron: *Malinche: perdónanos porque no fuimos a Tlaxcala a verte y a llevarte comida, no por falta de voluntad sino porque son nuestros enemigos Maseescaci y Xicotenga y toda Tlaxcala... y que no basta lo que han dicho sino que ahora tengan atrevimiento, con vuestro favor, de venir armados a nuestra ciudad.* Vista la razón que tenían, Cortés envió a Alvarado y a Cristóbal de Olid, que era el maestre de campo, que rogasen a los tlaxcaltecas que hiciesen su campamento allí en el llano, y que sólo entrasen los españoles y los amigos de Cempoala, explicándoles que los *papas* y caciques temían de ellos.

Después que los de Cholula supieron las disposiciones de Cortés, se mostraron más tranquilos y el capitán les explicó con las *lenguas* doña Marina y Aguilar, que los había enviado el rey, su señor, para notificarles y mandarles que no adoren ídolos, ni sacrifiquen hombres ni coman sus carnes, ni hagan otras cosas malas; que iban en camino para México a hablar con el gran Moctezuma, y que si otros caciques y pueblos han dado obediencia a Su Majestad, estaría bien que ellos también la diesen. Y respondieron que apenas estaban entrando a su tierra y ya querían que dejaran a sus ídolos, lo que no podían hacer, pero que les placía dar obediencia a ese su rey y señor. Después de esto, entraron los españoles a Cholula, siendo recibidos por mucha gente en las calles y en las azoteas, hasta llevarlos a alojar en unas grandes salas en donde cupieron todos, con los amigos de Cempoala y los *tamemes* tlaxcaltecas que llevaban las cargas, dándoles de comer a todos muy bien y en forma abundante. Pero a pesar de que los trataron muy bien y estaban en paz, los españoles no dejaban siempre de estar alertas. De una manera extraña, a los tres días dejaron de llevar abastecimientos y *papas* y caciques dejaron de ir a verlos. Algunos indios de importancia que algo les iban a tratar, lo hacían rápidamente y como riéndose, como cosa de burla. Cortés les dijo a los embajadores de Moctezuma que estaban con él, que dispusiesen que los caciques mandaran de comer, y como respuesta enviaban agua y leña con unos cargadores ancianos que decían que no tenían maíz. Y en ese mismo tercer día llegaron otros embajadores de Moctezuma para decirle descaradamente a Cortés que su señor los enviaba para avisarle que no pasase a su ciudad porque no había que darles de comer, y querían regresar de inmediato a México para dar cuenta de su embajada, pero Cortés, con buenas palabras y obsequios de cuentas, los retuvo. Viendo como se iban desenvolviendo las cosas, Cortés reunió a sus capitanes y soldados que eran de su confianza y amistad para decirles: *Muy desconcertada veo a esta gente; estemos muy alerta, que alguna maldad hay entre ellos.* Cortés llamó a un cacique pero se negó a ir y entonces hizo traer por la buena a dos *papas*, a los que se les regaló un *chalchihuitl*, y les preguntó por qué se mostraban con temor, a lo que contestó uno de ellos, que era el principal, que ellos que eran *papas*, no tenían temor, pero que llamaría a los caciques y tenía por seguro que irían, como así fue. Cortés preguntó entonces a los caciques si les producía molestia su estancia en la ciudad, porque al día siguiente saldrían para México a hablar con Moctezuma. El cacique principal dijo, como apenado, que su señor Moctezuma les había ordenado que no les diesen de comer y que impidieran que pasaran adelante. En eso, tres indios amigos vinieron secretamente a decirle a Cortés que encontraron unos hoyos muy grandes y bien disimulados, en el fondo de los cuales estaban puestas unas estacas puntiagudas para que se matasen los caballos que allí cayesen, y que las azoteas y los muros las tienen llenas de piedras, así como en la salida de otra calle encontraron parapetos y maderos gruesos para atacar sin riesgo. Luego llegaron ocho indios de Tlaxcala, de los que se habían quedado en el campo y dijeron a Cortés: *Mira, Malinche, que esta ciudad está de mala manera, porque sabemos que esta noche han sacrificado a su ídolo, que es el de la guerra, siete personas, y los cinco de ellos son niños, porque les de victoria contra vosotros, y también hemos visto que sacan todo el fardaje y mujeres y niños.* Cortés los despachó diciéndoles que estuvieran listos, por si se les necesitase. Por otro lado, el capitán les dijo a los caciques y *papas* de Cholula, que no tuviesen más temor porque al día siguiente saldría con sus soldados y que le diesen dos mil hombres de guerra, porque en el camino los iba a necesitar. Y le contestaron que sí los darían, pidiendo permiso para irse a alistarlos. Se fueron contentos porque pensaban que con esos dos mil guerreros y los escuadrones de mexicanos que estaban escondidos en unas barrancas, los podían matar o hacer presos, avisando a los de Moctezuma que hiciesen una especie de callejón con parapetos, para que no pudieran escapar los enemigos. Cortés envió a doña Marina para que trajese con dádivas a los dos *papas* que eran principales y cuando éstos llegaron, Cortés les dijo que dijesen la verdad de lo que supiesen y contestaron que un día su señor Moctezuma les decía que los trataran bien y los encaminasen a México y luego les mandaba decir que ya no era su voluntad que pasasen a su ciudad; y ahora le habían dicho sus dioses que allí en Cholula los matasen o los llevasen presos a México, y que había enviado el día anterior veinte mil hombres de guerra, de los cuales estaba la mitad en el interior de la ciudad y la otra mitad en unas barrancas cerca de allí. De los prisioneros que se hiciesen, veinte deberían ser sacrificados a los ídolos en Cholula. Cortés les dio regalos y les encargó que no dijesen nada y los amenazó si así no lo hacían. Les dijo que hicieran venir a todos los caciques para hablarles porque al día siguiente se irían. Esa noche Cortés hizo consejo y unos decían que sería bueno regresar para irse por Huejotzingo; otros que se tratase de paz y regresar a Tlaxcala y otros dieron su parecer de que aquellas traiciones debían ser castigadas para que no volvieran a hacer otras peores; que se preparase a los tlaxcaltecas para que tomaran parte. Que se alistasen las cargas y en los grandes patios donde estaban alojados, se atacasen a los hombres de guerra; y a los embajadores de Moctezuma se les disimulasen las cosas diciéndoles que los cholultecas tenían preparada una trainción y le echaban la culpa a Moctezuma. Se les encargó que no tuvieran ningún trato con los de la ciudad, poniéndoles vigilantes para que no escaparan a decirle a Moctezuma que los españoles sabían que él era quien había mandado hacer la traición.

Una india, esposa de un cacique, vino secretamente con doña Marina para aconsejarle se fuera con ella para que escapara, porque estaba dispuesto por el gran Moctezuma que entre los de aquella ciudad y los mexicanos atacasen a los *teúles* y no quedase uno vivo; que tomase todas sus pertenencias y se fuese con ella a su casa y que allí la casaría con su hijo. Doña Marina la convenció que sí se iría, pero que tenía muchas cosas y joyas de oro y que había que esperar un poco porque los *teúles* estaban alertas. Le dijo la mujer cómo los habían de matar y que estaba enterada porque su marido era capitán de una parcialidad de guerreros, que tenía orden para unirse con los hombres de guerra de Moctezuma que estaban en una barranca y le dieron un tambor dorado y a otros capitanes piezas de oro para que los hicieran prisioneros y los llevaran atados a su señor Moctezuma. Doña Marina le dijo entonces que iba a traer una parte de sus propiedades y entró en el cuartel para decirle a Cortés el suceso. Cortés mandó traer a la mujer aquella ante él y le preguntó sobre las traiciones que se preparaban, y la mujer le declaró exactamente lo que le habían dicho los *papas*, poniéndola también bajo vigilancia. Cuando amaneció los *papas* y caciques cholultecas estaban muy contentos, como si ya tuviesen a los *teúles* en prisión. Llevaron más guerreros que los que se les pidieron, pero ya entonces los españoles estaban listos para lo que se tenía que hacer. Cortés despachó a los dos *papas* que habían descubierto el secreto a que se fuesen a sus casas y no fueran muertos. Ya listos para salir, Cortés a caballo y con doña Marina a un lado, empezó a amonestar a los caciques y *papas* de Cholula por las traiciones que le tenían preparadas y les detalló todo lo que tenían listo para acabar con ellos y cuántos debían ser sacrificados allí en Cholula, diciéndoles finalmente que eso debía ser castigado como lo mandan las leyes reales. Dicho eso, ordenó se disparase una escopeta, que era la seña para *darles una mano que se les acordara para siempre* porque mataron a muchos de ellos; y al poco tiempo llegaron los amigos tlaxcaltecas y pelearon muy fuertemente en las calles contra las capitanías de cholultecas, que pronto fueron desbaratadas y luego se dedicaron a saquear la ciudad y a hacer cautivos, al grado que Cortés mandó a Cristóbal de Olid para que llamase a todos los capitanes tlaxcaltecas, y cuando éstos estuvieron reunidos, les pidió que no hiciesen más mal, que recogiesen a sus guerreros y que regresasen al campo, como así lo hicieron, sólo quedando los de Cempoala. En esos momentos llegaron caciques y *papas* de otros lugares de Cholula que no habían estado en las traiciones, porque los traidores ya habían sido muertos, para junto con los dos *papas* y la mujer que quería para nuera a doña Marina, pedir que perdonase a los de Cholula. Cortés, mostrando gran enojo, dijo a los embajadores de Moctezuma que aquella ciudad merecía ser asolada, pero como eran vasallos de su señor, ya quedaban perdonados. A los capitanes de Tlaxcala les dijo que pusiesen en libertad a los hombres y mujeres que habían hecho presos y que bastaban los daños causados. Mandó a todos los *papas* y caciques de Cholula que mandasen poblar la ciudad, a lo que res-

respondieron que en cinco días regresarían los vecinos que se habían remontado y Cortés nombró cacique para la ciudad porque el que había fue muerto en el patio. También les dijo Cortés lo relacionado con la fe cristiana y que derrocaran a los ídolos que tenían y si querían que ellos los ayudarían, pero el padre Olmedo recomendó que no se ocurriese a la violencia y que sólo se pusiera una cruz en los adoratorios. Cholula estaba asentada en un llano y estaba rodeada de pueblos de importancia como eran Tepeaca, Tlaxcala, Chalco, Tecamachalco, Huejotzingo y otros. Tenía grandes sembradíos de maíz, chile, magueyales y de otras plantas. Tenía muchos *cúes* o adoratorios con grandes patios para su servicio. Hacían los cholultecas muy buenas piezas de barro, de diversos colores y finuras, que de ellas proveían a la gran ciudad de México.

Los escuadrones de guerreros enviados por Moctezuma, cuando supieron lo ocurrido, se volvieron de prisa a México a dar relación a su señor de lo que había pasado. Moctezuma tuvo singular tristeza y enojo, pero luego hizo sacrificios a sus dioses para que le dijeran lo que había que hacer. Estuvo encerrado en sus devociones y sacrificios dos días y los *papas* le interpretaron la respuesta de sus ídolos que le aconsejaron mandar mensajeros que lo disculparan por lo de Cholula; les enviase a los castellanos muestras de paz para dejarlos entrar a México y, una vez en la ciudad, con quitarles la comida, el agua y alzar los puentes, fácil sería matarlos y con sus carnes hartarse y dar las tripas y los cuerpos a las culebras y leones que tenía en unas casas de madera.

En Cholula duraron todavía catorce días los españoles con sus aliados, destruyendo las cárceles en donde estaban muchos indios que iban a ser sacrificados, mandándolos a sus pueblos de donde eran naturales y viendo que la ciudad estaba de nuevo poblada y sus habitantes habían hecho amistad con los de Tlaxcala, se dieron cuenta que el gran Moctezuma enviaba espías para saber si iban a pasar adelante para ir a su ciudad, por lo que se acordó mandarle emisarios y decirle que para cumplir con lo que había ordenado el rey su señor, que era verlo y hablarle sobre cosas que le serían muy provechosas, conducidos por sus embajadores llegaron a esa ciudad de Cholula en donde les prepararon traiciones, pero descubiertos fueron castigados. Como sus vasallos, los de Cholula, los *papas* y caciques dijeron que por consejo y orden de él habían hecho esas traiciones, pero que creían lo había hecho por un mal pensamiento que le dieron sus ídolos, y que si había que pelear en el campo o poblado, de día o de noche, matarían a quienes les pensasen dar guerras, y que como lo tienen por gran amigo, y desean verlo y hablarle, ya se van a poner en camino para ir a su ciudad. Moctezuma, por los embajadores creyó que no se le echaba la culpa por lo de Cholula y volvió con sus *papas* a entrar en recogimiento en los adoratorios, hizo sacrificios y los *papas* le volvieron a decirle que dejara entrar a los castellanos, y que estando dentro los podría matar a su voluntad. Y los *papas* y caciques le dijeron que si no los dejaba entrar a su ciudad, los castellanos le harían la guerra a los pueblos que le estaban sujetos porque tenía de aliados a los tlaxcaltecas y a los totonacas, que se habían hecho sus amigos.

Moctezuma, temeroso cada día más por los acontecimientos y las noticias que le llegaron, resolvió enviar a seis principales con un presente de joyas de oro de muchas formas y de mucho valor, que cuando llegaron ante Cortés, con gran acato le dijeron: *Ma-linche: nuestro señor, el gran Montezuma, te envía este presente y dice que lo recibas con el amor grande que te tiene y que le pesa el enojo que te dieron los de Cholula y que quisiera que los castigaras más en sus personas porque son mentirosos, que las malda-des que querían hacer le echaban a él la culpa, que era nuestro amigo y que fuéramos a su ciudad cuando quisiéramos... pero que no tiene que darnos de co-mer, que la ciudad se lleva todo el bastimento de acarreo...* Cortés los escuchó con atención y les dio algunos regalos. Dispuso que regresaran tres de los embajadores para darle respuesta a su señor y le avi-saran que ya iban en camino. Los otros tres se que-daron para que sirvieran de guías. Cuando los jefes tlaxcaltecas volvieron a saber la firme decisión de Cor-tás de ir a la gran ciudad de México, le mandaron decir que se fijase bien en lo que hacía porque temían que no salieran con vida y que le querían enviar otros diez mil guerreros con capitanes esforzados, con pro-visiones para el camino, pero Cortés se los agradeció mucho y mandó decirles que no era justo entrar a México con tanta gente de guerra más sabiendo que eran tan contrarios unos de otros y que sólo le man-daran mil hombres para cargar los *tepuzques* (las bombardas) y el equipo y componer los caminos. Ya que los castellanos estaban prestos para partir, llega-ron ante Cortés los jefes cempoaltecas y le dijeron que les permitiera volver a sus casas porque no que-rían pasar de Cholula ya que en México iban a morir todos en manos de Moctezuma, y más ellos que eran principales en Cempoala y se habían puesto en desobediencia, le habían aprisionado a sus recaudadores y no le daban ya el tributo. Cortés les encareció que siguieran con él, que no tuviesen temor porque él los protegería, pero ni con tanta insistencia quisieron seguir. Cortés los despidió dándoles muchas cargas de mantas ricas y dos especialmente para el cacique gordo, aprovechándose también para escribir a Juan de Escalante que había quedado en la Villa Rica como alguacil mayor, dándole relación de todo lo que había pasado, que seguían camino a México, que no descuidase la vigilancia, que no se les hiciese ningún agravio a todos los pueblos que eran amigos y que continuase las obras.

Despachados los de Cempoala con las cartas para Escalante, salieron los castellanos muy preparados y en camino a México. Iban, como dice el propio Bernal *la barba siempre sobre el hombro*, con exploradores recorriendo constantemente los campos, y peones sueltos, de manera que se pudiesen auxiliar mutuamente y de tres en tres, muy alertas todos hasta llegar a Calpan, dependencia de Huejotzingo, amigos y confederados con los de Tlaxcala, que llevaban alimentos a los soldados y a sus aliados, así como unas pequeñas joyas de oro de poco valor, disculpándose por ello, y le volvieron a decir a Cortés que desistiese de ir a México porque era una ciudad muy fuerte y con muchos guerreros, pero Cortés, con palabras amables, les dijo que su rey y señor le había ordenado que fuese a ver y hablar con el gran Moctezuma. Entonces le dijeron que había dos caminos: uno que tenían muy bien arreglado los mexicanos; y el otro con grandes árboles que habían talado y los tenían como obstáculos; que en el limpio y barrido, estaban algunos escuadrones de guerreros mexicanos que habían levantado unas obras para, llegando a ellos los *teúles*, darles muerte, por lo que aconsejaron seguir el camino fragoso y con árboles atravesados y que ellos les darían gente para que lo allanasen, y que ese camino llegaba a un pueblo llamado Tlalmanalco, sujeto a México. Cortés les agradeció el aviso y ordenó ponerse en marcha. Como al medio día llegaron al lugar donde partían los caminos. Cortés llamó a los embajadores de Moctezuma y les preguntó cómo era que un camino estaba limpio y el otro atravesado con árboles recién cortados, y le contestaron que para que se siguiera el de Chalco, ciudad en donde les haría buen recibimiento; y que el otro rodeaba algo para llegar a México y que salía a un pueblo sin importancia. Cortés les dijo que seguirían el camino que estaba cegado y con los árboles atravesados. Los indios aliados iban quitando los árboles más gruesos y desembarazando el camino hasta llegar a unas alturas, en donde hacía mucho frío y nevaba. Siguieron el camino sierra abajo y se quedaron a dormir en un caserío que servía de reposo para los indios mercaderes. Al día siguiente continuaron el camino *y a hora de misas mayores* llegaron a Tlalmanalco, en donde fueron bien recibidos. No tardaron en presentarse los caciques de Chalco, Chimalhuacán, Amecameca y Acatzingo, que era un puerto sobre el lago. Todos les llevaron presentes y ocho indias, declarándole a Cortés que querían ser sus amigos. Cortés les explicó algo sobre la fe cristiana y que dejaran sus ídolos, pero también les dijo que venía a deshacer agravios y robos que para eso los habían mandado el Emperador su señor. Cuando esto oyeron, secretamente los caciques se quejaron de Moctezuma y de sus recaudadores, que violaban sus mujeres, los robaban, los hacían trabajar como esclavos y les tomaban sus tierras. Cortés los consoló y les dijo que por lo pronto no podía hacer la justicia debida, pero que él les quitaría de aquel dominio. Y secretamente los mandó que, con unos amigos de Tlaxcala fuesen a ver el camino barrido, a lo que respondieron que no había necesidad de ir a verlo porque los mexicanos lo habían cortado para que no pudiesen pasar y que habían puesto mucha gente de guerra para que tan pronto entraran a México los mataran. Le pidieron que no fuera adelante y que se quedara con ellos. Cortés contestó que los mexicanos no tenían poder para matarlos y que luego quería salir, pidiéndoles que le dieran veinte hombres principales para que los acompañasen, y que delante haría mucho por ellos para que Moctezuma y sus recaudadores no los molestasen. Los caciques quedaron muy contentos, y trajeron los veinte principales para que acompañasen a los castellanos. Y cuando ya estaban listos para salir, llegaron cuatro nuevos embajadores de Moctezuma con regalos de oro y mantas bordadas, rindieron el honor acostumbrado y le dijeron que Moctezuma les daría mucho oro y *chalchihuis* para el Emperador, para él y para todos los demás *teúles* pero le rogaba que no pasase a México porque todos los vasallos estaban puestos sobre las armas para no dejarlo entrar y que además, no tenía camino bueno ni alimentos para darles de comer, y dijeron otros muchos inconvenientes. Cortés les declaró que se maravillaba cómo Moctezuma dándose por su ami-

go, tenía tantas mudanzas, que algunas veces decía
que fueran pronto y luego les mandaba emisarios con
noticias al contrario; y que en lo del oro para el Emperador, para él y para los soldados, les daba las gracias pero que consideraba que estando ya tan cerca
de su ciudad volviese camino sin hacer lo que su señor
le decía, que era verlo y hablarle; que él, en un caso
parecido los tendría por cobardes y gente de poca
calidad y que de cualquier forma tendrían que entrar
en la ciudad, y que ya no le mandase más excusas
sobre aquel caso; después, si no le estuviere bien la
estancia de los españoles en su ciudad, se volverían
por donde vinieron.

7

La Gran Ciudad
de México

Cortés y sus soldados, temerosos de ser atacados se pusieron en marcha pero a pequeñas jornadas hasta llegar a Iztapalapa, que entonces tenía la mitad de sus casas en la laguna y la otra mitad en tierra firme. Entre tanto, Moctezuma había recibido a sus mensajeros y supo la respuesta de Cortés, envió a un sobrino suyo llamado Cacamatzin, señor de Tezcuco, para darle la bienvenida. Era tal el fausto que traía el señor de Tezcuco que los soldados se preguntaban cómo sería entonces el del gran Moctezuma, porque lo traían ocho principales en andas muy ricas, labradas con plumas, pedrerías y adornos de oro. Otros le barrieron el piso donde bajó para hablar con Cortés. Venían muchos mexicanos formando su comitiva. Llegado Cacamatzin ante Cortés le hizo gran reverencia y le dijo: *Malinche: aquí venimos yo y estos señores a servirte y a hacerte dar todo lo que hubieres menester para ti y tus compañeros, y meteros en vuestras casas, que es nuestra ciudad, porque así nos es mandado por nuestro señor el gran Moctezuma, y dice que le perdones porque él mismo no viene a lo que nosotros venimos, y porque está mal dispuesto lo deja, y no por falta de muy buena voluntad que os tiene.* Cortés lo abrazó y le dijo buenas palabras a él y a todos sus principales, regalándoles unas piedras de colores. Después de este encuentro, siguieron el camino en medio de mucha gente que los recibía con curiosidad. Llegaron a dormir a un pueblo que se llama Mizquic, que tenía muchas torres y adoratorios muy blanqueados. Los principales recibieron muy bien a Cortés y le dieron un presente de oro y ricas mantas pero luego que cobraron confianza y estuvieron solos, se quejaron amargamente contra Moctezuma de los muchos agravios que les hacía. Cortés les dijo que tan pronto pudiera lo remediaría. Al día siguiente entraron por Iztapalapa y quedaron maravillados de ver pueblos en la laguna, grandes torres, adoratorios y edificios al grado que les parecía cosa de encantamiento que sólo algunos habían leído en el *Amadis de Gaula*. Cuando llegaron a Iztapalapa fueron recibidos por el cacique de aquel pueblo, que se llamaba Cuitlahuac; y por el de Culuacán, que los dos eran parientes de

Moctezuma. *Los palacios donde nos aposentaron eran de cantería muy prima y la madera de cedros y de otros buenos árboles olorosos, con grandes patios y cuartos, cosas muy de ver. . . fuimos a la huerta y jardín, que fue cosa muy admirable verlo, que no me hartaba de mirar la diversidad de árboles y los olores que cada uno tenía, y andenes llenos de rosas y flores y muchos frutales y rosales de la tierra y un estanque de agua dulce, y otra cosa de ver, que podían entrar en el vergel grandes canoas por una abertura que tenían, sin saltar en tierra, y todo muy encalado y lúcido y de las aves de muchas diversidades y raleas que entraban en el estanque.*

Después de estar una noche en ese maravilloso lugar en el que Cortés recibió valiosos obsequios de oro y les dijo a los caciques algo tocante a la fe cristiana y al gran poder del emperador Carlos, salieron los castellanos muy de mañana en dirección a México acompañados por los dos caciques de tanta importancia y de gran comitiva siguiendo una calzada que iba por la laguna. La gente en las casas y en las canoas los miraban asombrados, porque nunca habían visto caballos ni hombres como aquellos. Los soldados que eran menos de cuatrocientos, iban maravillados de ver tantas cosas extraordinarias pero tenían temor que una vez estando en México, los matasen, como se los habían dicho sus amigos de Huejotzingo, de Tlaxcala y de Tlalmanalco. Al llegar a un lugar sobre la calzada de donde partía otra para Coyoacán, llegaron otros muchos principales y caciques enviados por Moctezuma, que llevaban ricos vestidos, llegaban ante Cortés y le decían que fuera bienvenido, poniendo una mano en el suelo y besaban la tierra. La comitiva se detuvo un rato y se adelantaron Cacamatzin y los señores de Iztapalapa, de Tacuba y de Coyoacán para encontrar al gran Moctezuma, que venía en ricas andas acompañado de grandes caciques y principales. Ya que estaban cerca, se bajó Moctezuma de las andas y tomado del brazo por los caciques y bajo palio muy rico, hecho con plumas y oro, caminaba mientras que muchos señores que venían delante, barrían el suelo y ponían mantas para que no pisase la tierra. El gran Moctezuma venía ricamente ataviado y calzaba unas sandalias de oro y fina pedrería. Todos los señores no le miraban a la cara, sino con los ojos bajos, menos los que llevaban el palio, que eran sus deudos. Cortés se apeó del caballo y ambos se hicieron grandes reverencias, dándole Moctezuma la bienvenida. Cortés contestó con doña Marina sus deseos de que se encontrase bien. Doña Marina le quiso dar la mano pero la rehuyó Moctezuma y se la dio a Cortés. Y entonces Cortés sacó un collar de unas piedras de vidrio de muchos colores y se la puso al cuello, y cuando lo iba a abrazar, los grandes señores que iban con Moctezuma lo impidieron, porque lo tenían por menosprecio. Cortés le dijo que se satisfacía mucho de haber visto a tan gran príncipe y agradecía que hubiera venido a recibirlos así como los regalos que constantemente les había hecho. Después de otras atenciones, Moctezuma ordenó a dos de sus sobrinos que fuesen con los castellanos a alojarlos, mientras que él regresaba a la ciudad con sus grandes caciques y señores.

Alojaron a los españoles en unas grandes casas en donde había cabida para todos y donde antes fue el palacio de Axayacatl, padre de Moctezuma, que tenía allí sus grandes adoratorios de ídolos y una recámara muy secreta en donde tenía muchas piezas de oro, que eran intocables. Los alojaron allí porque los consideraban *teúles* y para que estuvieran entre sus dioses. En esos lugares había camas de esteras para todos los soldados y salas muy bien arregladas para el capitán. Moctezuma llegó luego al palacio y tomando a Cortés de la mano le puso un collar de camarones de oro en el cuello, por lo que el capitán le dio las gracias. Moctezuma dijo: "Malinche: en vuestra casa estáis vos y vuestros hermanos; descansa." Los españoles distribuyeron sus bombardas y sus capitanías para estar muy preparados y prontos para cualquier emergencia. La entrada de los castellanos a Tenochtitlán-México fue el día 8 de noviembre de mil quinientos diez y nueve.

Después de comer, Moctezuma fue al real de los españoles y se sentó a conversar con Cortés; le dijo que estaba muy contento de tenerlos en su casa y reino por ser caballeros tan esforzados; que estaba enterado de los viajes anteriores de dos capitanes y que siempre los deseó ver porque verdaderamente debía de ser cierto que eran los que sus antepasados le dijeron que vendrían a señorear estas tierras, pues tan valientemente habían peleado en Potonchan, Tabasco y con los tlaxcaltecas. Cortés le dijo que no sabía cómo pagarle tantas mercedes recibidas, y que ciertamente venían de donde sale el sol, y eran vasallos de un poderoso señor como era el emperador Carlos, que los envió a rogarles que sean cristianos como eran ellos. Luego, Moctezuma les regaló unas joyas de oro a Cortés y a sus capitanes y mantas a cada soldado. Luego preguntó a Cortés si eran todos hermanos; a lo que contestó el capitán que sí y vasallos

*El emperador Moctezuma,
invitado por Cortés, trata de
sofocar la sublevación de su pueblo.*

de su gran Emperador. Después de muchos comedimientos, dispuso que se les proveyera de alimentos y hierba para los caballos. Lo acompañaron hasta la calle y Cortés les ordenó a los soldados que no se alejaran mucho de los alojamientos.

Al día siguiente fue Cortés a ver a Moctezuma acompañado por los capitanes Pedro de Alvarado, Juan Velázquez de León, Diego de Ordaz y Gonzalo de Sandoval. Moctezuma los recibió muy atento e hizo sentar a Cortés a su derecha. Éste, valiéndose de doña Marina y de Aguilar le hizo una explicación que eran cristianos y en qué consistía el ser cristiano; le hizo una prolongada plática para decirle que en verdad sus ídolos eran demonios y que donde se ponían las cruces ya no osaban aparecer; y que su señor el Emperador los mandó a estas tierras para que ya no adorasen a dichos ídolos, ni que les sacrifiquen seres humanos, ni consienta sodomías ni robos; que andando el tiempo vendrían hombres que viven muy santamente para que les den a entender muy bien todo lo que le está tratando. Moctezuma dijo que ya estaba enterado de lo que Cortés ahora le decía porque así se lo notificaron sus embajadores desde que Cortés habló con ellos, pero que los dioses que ellos adoraban, los tenían por buenos, y que ellos fueron los que les dijeron que vendrían unos hombres del lado de donde sale el sol; les dijo también que se satisfacía mucho de que estuvieran en su casa y que descansasen; que si les mandó decir que no pasasen a la ciudad de México era porque sus vasallos tenían temor, porque les decían que los *teúles* echaban rayos y truenos y que con los caballos mataban muchos indios; pero que ahora había visto que eran de carne y hueso y

muy esforzados. Lo mismo dijo sabía que los de Tlaxcala le habían dicho a Cortés que él era como *teúl*, pero que era también de carne y hueso y que sus palacios eran de oro, pero que Cortés se diera cuenta que eran mentiras. Para esto, no cesaba Moctezuma de repartir entre los soldados piezas de oro y mantas, lo que Cortés respondía dando las gracias. Bernal Díaz del Castillo hace referencia a cómo era el gran Moctezuma diciendo: *De edad hasta de cuarenta años y de buena estatura y bien proporcionado y cenceño y de pocas carnes, de color ni muy moreno, sino propio color y matiz de indio, y traía los cabellos no muy largos, sino cuando le cubrían las orejas, y pocas barbas prietas y bien puestas y ralas, y el rostro algo largo y alegre, y los ojos de buena manera, y cuando era menester, gravedad; era muy pulido y limpio; bañábase cada día una vez; tenía muchas mujeres por amigas, hijas de señores, puesto que tenía dos grandes cacicas por sus legítimas mujeres, que cuando usaba con ellas era tan secretamente que no lo alcanzaban a saber sino alguno de los que le servían. Era muy limpio de sodomías; las mantas o ropas que se ponía un día, no se las ponía sino de tres a cuatro días; tenía como doscientos principales de su guarda en otras salas junto a la suya, y es no para que hablasen todos con él, sino cuál y cuál y, cuando le iban a hablar se habían de quitar las mantas ricas y ponerse otras de poca valía, pero limpias, y habían de entrar descalzos y los ojos bajos y no mirarle a la cara, y con tres reverencias le decían: "Señor, mi señor, mi gran señor", y cuando le daban relación a lo que iban, no le volvían la espalda al despedirse de él. . .*
En el comer le tenían sus cocineros sobre treinta

maneras de guisados, y teníanlos puestos en braseros de barro chicos, para que no se enfriasen, y de aquello que el gran Montezuma había de comer, guisaban más de trescientos platos. Le señalaban cuál guisado era el mejor y de qué aves o cosas estaba hecho. Oí decir que le solían guisar carnes de muchacho de poca edad y como tenía tantas diversidades de guisados y de tantas cosas no lo echábamos de ver si era carne humana o de otras cosas, porque cotidianamente le guisaban gallinas, gallos de papada, faisanes, perdices de la tierra, codornices, patos mansos y bravos, venado, puerco de la tierra, pajaritos de caña, palomas y liebres y muchas maneras de aves y cosas de esta tierra... Mas sé que ciertamente desde que nuestro capitán le reprendía el sacrificio y comer de carne humana, que desde entonces mandó que no le guisasen tal manjar. Si hacía frío, le prendían lumbre con madera de árboles que no hacían humo y de olor agradable, sentado en un sillón cómodo, cuatro mujeres muy hermosas le servían y otras dos llevaban las tortillas; junto con él comían cuatro caciques viejos. Le servían en unas copas de oro una bebida hecha con cacao *y algunas veces al tiempo de comer estaban unos indios corcovados, muy feos, porque eran chicos de cuerpo y quebrados por medio de los cuerpos, que entre ellos eran chocarreros, y otros indios que debían ser truhanes, que le decían gracias, y otros que le cantaban y bailaban, porque Montezuma era aficionado a placeres y cantares. También le ponían en la mesa tres cañutos muy pintados y dorados, y dentro tenían liquidámbar revuelto con una hierba que se dice tabaco, y cuando acababa de comer, después que le habían bailado y cantado y alzado la mesa, tomaba el humo de uno de aquellos cañutos, y muy poco y con ellos se adormía.* Tenía un mayordomo Moctezuma al que los castellanos le pusieron Tapia, que llevaba todas las cuentas en papel *amate*, y en dos casas había todo género de armas, muchas de ellas adornadas con oro y piedras finas, con navajas de pedernal, lanzas, arcos, flechas, macanas con navajas de pedernal, hondas y piedras rollizas hechas a mano, rodelas, protectores de algodón y otras muchas piezas más. En la casa de aves las había de todo tamaño, desde el águila real hasta pajaritos muy chicos, papagayos, quetzales y aves de muy diferentes colores. En otra casa tenían fieras: leones, lobos, coyotes, a las que alimentaban con carne de gallinas, perrillos, patos y conejos. Dice Bernal que también con los cuerpos de los sacrificados, lo mismo que, cuando habla de lo que llama *la casa de las sierpes*, en donde tenían víboras, culebras, lagartos y otros reptiles, ponzoñosos o no, que cuando se *enbravecían*, era cosa terrible oír los mugidos y bramidos de tigres y leones, aullaban los zorros, lobos y coyotes y silvaban las sierpes. *Y aún tuvimos por cierto que cuando nos echaron de México y nos mataron sobre ochocientos cincuenta de nuestros soldados, que de los muertos mantuvieron muchos días aquellas fieras, alimañas y culebras.*

Al recorrer la ciudad, los castellanos se quedaron maravillados por lo hábiles que eran en los diferentes oficios. *Comencemos por lapidarios y plateros de oro y plata y todo vaciadizo, que en nuestra España los grandes plateros tienen que mirar en ello* sobre todo los de Azcapotzalco; luego los maestros de labrar primorosos tejidos de pluma y cita Bernal que *los indios en esta arte sólo serían comparables con Miguel Angel* o Berruguete; así mismo unas jóvenes indias artistas que eran muy recatadas y estaban en una casa del cu de Uichilobos y que eran hijas de caciques y gente principal, hacían tejidos y muy grandes labores de plumas que les traían de Veracruz. Había en la ciudad un barrio poblado por bailadores, malabaristas, volantineros y matachines, que servían para divertir a Montezuma. También había huertas y jardines muy bien arreglados, con árboles, albercas, estanques; allí se criaban pajaritos y había muchas yerbas medicinales que eran de gran provecho.

A los cuatro días de estancia en México, Cortés mandó decir a Moctezuma que deseaba ir a la plaza mayor para ver el gran adoratorio de Uichilobos. Moctezuma contestó que fuesen cuando lo quisieran, pero resolvió también ir él, para que no le fueran a hacer un deshonor a sus ídolos. Fue en andas y acompañado de los grandes caciques y de muchos papas. Subió al gran cu y empezó a sahumar y a hacer otras ceremonias a Uichilobos. Cortés y sus capitanes fueron a caballo acompañados por los soldados bien armados al gran mercado de Tlaltelolco, yendo también con ellos muchos caciques que Moctezuma mandó para que los acompañasen. Y desde que llegamos a la gran plaza, dice Bernal, quedamos admirados de la multitud de gente y mercaderías que en ella había y del gran concierto y regimiento que en todo tenían. Y los principales que iban con nosotros nos los iban mostrando; cada género de mercaderías estaban por sí, y tenían situados y señalados sus asientos. Comencemos por los mercaderes de oro y plata y piedras ricas y plumas y mantas y cosas labradas, y otras mercaderías de indios esclavos y esclavas; digo que traían *tantos de ellos a vender a aquella gran plaza como traen los portugueses los negros de Guinea, y traíanlos atados en unas varas largas con colleras a los pescuezos, porque no se les huyesen. Luego estaban otros mercaderes que vendían ropa más basta y algodón y cosas de hilo torcido, y cacahuateros que vendían cacao, y de esta manera estaban cuantos géneros de mercaderías... Y los que vendían mantas de henequén y sogas y "cotaras", que son los zapatos que calzan, y raíces muy dulces cocidas y otras rebusterías, y cueros de tigres, de leones y de nutrias, de venados y de otras alimañas, tejones y gatos monteses, adobados y otros sin adobar... los que vendían frijoles y chía y otras legumbres y yerbas, los que vendían gallinas, gallos de papada, conejos, liebres, venados y anadones, perrillos y otras cosas. Digamos de las fruteras, de las que vendían cosas cocidas... Pues todo género de loza, hecha de mil maneras, desde tinajas grandes y jarrillos chicos, y también los que vendían miel y melcochas y otras golosinas que hacían como nuégados... los que vendían madera, tablas, cunas y vigas y tajos y bancos... Los que vendían leña, ocote y otras cosas de esta manera... y unos cañutos de olores con liquidámbar, llenos de tabaco y otros ungüentos amarillos... y vendían mucha grana debajo de los portales que había en aquella gran plaza. Había muchos herbolarios y mercaderías de otra manera; y tenían allí sus casas adonde juzgaban tres jueces y otros como alguaciles ejecutores que miraban las mercaderías. Olvidado se me había la sal y los que hacían navajas de pedernal y de cómo las sacaban de la misma piedra... Pescaderas y otros que vendían unos panecillos que hacen de una como lama que cogen de aquella gran laguna.*

Llegados a unos grandes patios, mayores que la plaza de Salamanca, fueron recibidos por seis *papas* enviados por Moctezuma que estaba en los adoratorios haciendo sacrificios. Subieron las gradas, que eran ciento catorce y Cortés no quiso que lo ayudaran. En lo alto había una placeta con unas grandes piedras en donde ponían a las víctimas del sacrificio. En el fondo estaban unos bultos y malas figuras, y mucha sangre derramada ese día. Moctezuma recibió a Cortés y le dijo que vendría muy cansado, a lo que el capitán le contestó que ni él ni sus soldados se cansaban de ninguna cosa. Desde allí le enseñó la gran ciudad de México y otros muchos pueblos alrededor de la laguna, y vieron las tres calzadas que entraban; la de Iztapalapa, la de Tacuba y la de Tepeyac; el acueducto de Chapultepec, los puentes sobre las calzadas, la gran multitud de canoas que llevaban alimentos y cosas de comercio; los *cúes* y adoratorios como torres y fortalezas; la gran plaza y la multitud de gente que en ella había, comprando y vendiendo; y algunos soldados que habían estado en Constantinopla, en Roma y en otras ciudades de Italia dijeron *que plaza tan bien compasada y con tanto concierto y tamaño y llena de tanta gente no la habían visto.*

Cortés propuso al padre Olmedo decirle a Moctezuma les permitiese hacer allí mismo su iglesia, pero el padre le contestó que no lo veía oportuno. Luego entraron a los adoratorios en donde estaban unos altares con muy ricos adornos. Y allí estaban dos grandes bultos: uno era Uichilobos y el otro Tezcatepuca. *Y estaban allí unos braseros con incienso y con tres corazones de indios que aquel día habían sacrificado. Y estaban todas las paredes de aquel adoratorio tan bañado y negro de costras de sangre, y así mismo el suelo, que todo hedía muy malamente.* Y Cortés dijo a Moctezuma: *Señor Moctezuma: no sé yo cómo un tan gran señor y sabio varón como vuestra merced es, no haya colegido en su pensamiento cómo no son estos vuestros ídolos dioses, sino cosas malas, que se llaman diablos y para que vuestra merced lo conozca y todos sus papas lo vean claro, que en lo alto de esta torre pongamos una cruz, y en una parte de los adoratorios, pongamos una imagen de Nuestra Señora, y veréis el temor que de ello tienen esos ídolos que os tienen engañados.* Moctezuma y los *papas* se mostraron disgustados y negaron tal permiso. Cortés entonces pidió permiso para retirarse. Pasaron luego los españoles al *cú* de Tlaltelolco, que sería de una extensión de *seis muy grandes solares,* con dos grandes cercas de piedra y cal, empedrado con losas blancas muy bruñidas. El interior estaba muy ensangrentado, con sus grandes ídolos de piedra y sus altares para sacrificar. Tenía adjunto un local enorme, lleno de calaveras en número incontable. Los *papas* andaban con vestiduras largas de mantas prietas. *El cabello muy largo y hecho que no se puede esparcir ni deshenebrar, y en los mismos cabellos mucha sangre. Alrededor del cú había muchas casas y no altas en donde vivían los papas y los servidores de tener limpios los patios y lugares donde estaban los ídolos.*

De regreso a su aposento, Cortés y el padre Olmedo pidieron a los mayordomos del gran Moctezuma que les prestaran albañiles para hacer una iglesia en ese lugar. Cortés mandó a doña Marina, a Aguilar y a un jovencito español, muy despierto, que le servía de paje y ya entendía el náhuatl y al que llamaban Orteguilla, para que se lo hicieran saber a Moctezuma, que dio la licencia y todo lo necesario para hacerla, de manera que en dos días quedó acondicionada una capilla en donde oraban los soldados, por devoción y para que los indígenas los vieran.

8

La prisión
de Moctezuma

Cuando anduvieron buscando en los alojamientos un lugar propio para el altar, el carpintero Alonso Yáñez vio una pared con señas de haber sido encalada recientemente. Yáñez se lo dijo a Juan Velázquez de León y a Francisco de Lugo, que lo dijeron a su vez a Cortés. La puerta se abrió en secreto y sólo entraron en la cámara Cortés y algunos capitanes de su confianza. Quedaron mudos de sorpresa al ver una incalculable riqueza en oro labrado, sin labrar y piedras preciosas. Todos los soldados entraron después y el propio Bernal dice estar seguro que en el mundo no podía haber otro tesoro, ni siquiera parecido. De acuerdo todos y sin tocar absolutamente nada, cerróse con todo cuidado la cámara para no dar lugar a que sospechase Moctezuma. Pero pasaba el tiempo y los soldados cada día cobraban más temor al ver el riesgo de muerte en que estaban. Apartaron a Cortés cuatro capitanes y algunos soldados que eran de su confianza para hacerle notar las circunstancias prevalecientes, que se fijase en lo peligroso de la situación y no confiase en las muestras de amistad y buena voluntad que Moctezuma le daba pues mudaría de un momento a otro, y sólo con quitarles la comida o el agua, los mataría; y sus amigos de Tlaxcala no los podrían ayudar. Entonces los dichos capitanes y soldados propusieron a Cortés que prendiesen a Moctezuma como rehén para asegurar sus vidas, pero que lo hicieran de inmediato, no dejándolo para otro día. Cortés les contestó: *No creáis, caballeros, que duermo ni estoy sin el mismo cuidado, que bien me lo habréis sentido; mas ¿qué poder tenemos nosotros para hacer tan grande atrevimiento, prender a tan gran señor en sus mismos palacios, teniendo sus gentes de guarda y de guerra? ¿Qué manera o arte se puede tener en quererlo poner a efecto que no llame a sus guerreros y luego nos combata?* Le replicaron los capitanes Pedro de Alvarado, Juan Velázquez de León, Diego de Ordaz y Gonzalo de Sandoval que con buenas palabras se le podía sacar de su sala y traerlo a sus aposentos, diciéndole que estaba preso y que si avisaba o alteraba las cosas, lo matarían; que si Cortés no lo quería hacer, les diese permiso para ellos llevarlo a cabo porque era urgente ya que los mayordomos encargados de traerles la comida, descaradamente no la llevaban ya oportunamente; que dos indios tlaxcaltecas les habían dicho veían ya poca voluntad de los mexicanos. Al día siguiente de estas pláticas, llegaron dos tlaxcaltecas con cartas de la Villa Rica en las que se avisaba a Cortés que los mexicanos les habían dado batalla, dándole muerte a Juan de Escalante y a seis soldados más, y también le mataron el caballo y a muchos indios totonacas sus amigos, y que por temor, todos los indios de aquella comarca andaban alborotados y ya no querían trabajar en las obras ni dar alimentos. Los españoles que estaban en México se preocuparon mucho y sus temores aumentaron porque con aquella derrota desaparecía la idea de respeto que les tenían los pueblos indígenas. Este suceso determinó la decisión de aprehender a Moctezuma. Toda la noche estuvieron los españoles orando y con la preocupación de lo que pudiese acontecer como consecuencia de la prisión de Moctezuma, pero al día siguiente Cortés con cinco capitanes, los que se han citado más Alonso de Ávila, irían por Moctezuma, con unos cuantos soldados y con doña Marina y Aguilar. Todos los demás quedaron en el cuartel *muy a punto y los de a caballo ensillados y enfrenados. En lo de las armas, no había necesidad de ponerlo yo aquí,* dice Bernal, *porque siempre de día y de noche estábamos armados... Y cuando solíamos ir a hablar a Moctezuma siempre nos veía armados de aquella manera.* Cortés le mandó avisar que iba al palacio y contestó Moctezuma que cuando quisiera. Después de haberse saludado, Cortés le dijo que se maravillaba él, cómo siendo Moctezuma tan valeroso príncipe y haberse declarado su amigo, mandó atacar a los españoles que estaban en la región de Tuxpan, robar los pueblos que estaban bajo su protección y exigirles indios para sacrificar y matar a un capitán y a un caballo. No le quiso decir de los otros soldados muertos para no darle mayor importancia al suceso. Cortés en otras palabras le dijo que ya no le podía tener confianza y no quisiera comenzar una guerra destruyendo esa ciudad, que entonces convenía que sin excusa y luego, *callando y sin hacer ningún alboroto* se fuera con ellos a su aposento en donde sería servido y visto como en su propia casa. Pero que si daba voces o hacía algún escándalo, sería muerto allí mismo por los capitanes. Moctezuma se espantó mucho y dijo que él no mandó que se tomasen las armas contra los españoles de la costa y que enviaría luego a llamar a sus capitanes para saber la verdad y castigarlos. Moctezuma se quitó del brazo y de la muñeca el sello y contraseña de Uichilobos entregándolo a uno de sus servidores para que se presentaran los responsables. *Y en lo de ir preso y salir de su palacio contra su voluntad, que no era persona la suya para que tal le mandase, y que no era su voluntad salir. Cortés le replicó muy buenas razones, y Moctezuma le respondió con otras mejores, y que no había de salir de sus casas, por manera que estuvieron más de media hora en esas pláticas... ¿Qué hace vuestra merced ya con tantas palabras? O lo llevamos preso, o darle hemos de estocadas. Por eso, tórnele a decir que si da voces o hace alboroto, que le mataremos, porque más vale que de esta vez aseguremos nuestras vidas o las perdamos.* Moctezuma se atemorizó más al oír la voz ronca y fuerte de Velázquez de León, que se mostraba el más violento y preguntó a doña Marina qué significaban aquellas palabras to- nantes, a lo que contestó recomendándole se fuera con ellos a su cuartel sin ruido alguno, que lo tratarían con mucha honra, y que si no, se diera por muerto. Entonces Moctezuma dijo a Cortés que se llevara como rehenes a un hijo y a dos hijas que tenía, pero que a él no le hiciera la afrenta de llevárselo. Cortés le dijo que él era el que debía ir con ellos y no había que hacer otra cosa. Ya que aceptó Moctezuma, los españoles le dijeron que no lo tomara a mal y que les dijese a los capitanes de su guardia que iba por su voluntad, que se lo habían dicho sus dioses, que con- venía a su salud y para guardar su vida; y luego, en sus ricas andas y la comitiva que siempre le acom- pañaba, se fue al cuartel en donde se le pusieron velas y guardias. Cortés dijo al monarca que no tendría carácter de prisionero. Su corte, sus funcionarios y todos los súbditos que quisieran podían verle. Allí gobernaría y juzgaría como hasta entonces. Moctezu- ma aceptó aquella condición de gran potestad que se le dejaba y comenzó su nueva vida de gran señor cau- tivo. Fueron a verlo muchos principales y sus sobri- nos para preguntarle sobre la causa de su prisión y si disponía que diesen guerra a los castellanos, pero Moctezuma les contestó que estaba allí muy satisfe- cho y sólo algunos días, por consejo de su dios Uichi- lobos, y que no se alborotasen ni ellos ni la ciudad, ni estuviesen apesadumbrados. Para esto, el local que ocupaba era muy amplio y tenía sus servicios norma- les: baños, cocina, comedor, cámara de dormir y de despachar los asuntos con sus consejeros y capitanes, resolviendo los problemas de lejanas tierras y reco- giendo los tributos.

A los pocos días de estar Moctezuma en el cuartel de los castellanos, llegaron presos los capitanes que mataron a Juan de Escalante y a sus compañeros en *lo de Almería*. No se supo qué trató con ellos, pero los puso en manos de Cortés para que hiciera justicia. En su confesión, sin estar Moctezuma presente, dijeron que sólo habían dado cumplimiento a lo que su señor les mandó. Esto lo supo Moctezuma que se disculpó cuanto pudo. Cortés le hizo decir que merecía castigo, como lo mandaba el rey por ordenar matar, pero como lo quería tanto, antes pagaría él la culpa que hacerla pagar a Moctezuma, lo que aumentó el temor en el gran señor. Y sin mayor investigación, Cortés sentenció a aquellos capitanes a muerte y que fueran quemados frente al palacio de Moctezuma, pero mientras que se ejecutaba la sentencia, Cortés mandó ponerle grillos a Moctezuma. Y cuando lo pusieron en esas cadenas, se angustió y se quejaba, aumentando su temor.

Después de haberse cumplido la sentencia, el propio Cortés quitó las cadenas a Moctezuma y le dio tantas satisfacciones que lo dejó complacido. Cortés le dijo que tan pronto pudiera, lo haría señor de las tierras que hasta entonces no había podido conquistar, y que si quería podía regresar a su palacio; pero Moctezuma no quiso por temor a sus parientes y a los señores de la nobleza, que se querían levantar para hacer la guerra a los castellanos y manejarlo a él para que encabezase la rebelión; pero si se negara, lo desconocerían y alzarían a otro señor; y que les estaba quitando esos pensamientos diciéndoles que su dios Uichilobos le había dicho por conducto de unos *papas* que permaneciese preso, aunque en verdad Cortés muy en secreto le dijo a Aguilar le avisase que aunque Malinche le mandase salir, los capitanes y soldados no lo permitirían. Cortés puso al servicio de Moctezuma como paje al muchacho Orteguilla, que ya hablaba el náhuatl y al que Moctezuma le cobró gran cariño. El gran señor ya estaba contento por el buen trato, las atenciones y el respeto que todos los castellanos le daban. Bernal dice en su relación que los capitanes que mataron a Escalante y a sus compañeros y luego fueron quemados, se llamaban Cuauhpopoca, Quiavit y Coatl y otros. Cuando llegó la noticia de este castigo, los pueblos de la costa volvieron a presentarse para ayudar muy bien en los trabajos que se estaban haciendo en la Villa Rica.

Para sustituir a Escalante, Cortés mandó a un su lugarteniente llamado Alonso de Grado, que era de los antiguos partidarios de Velázquez. Se le hizo poco el cargo y pidió el de alguacil mayor, que Cortés le dijo ya lo tenía Gonzalo de Sandoval. Llegado a la Villa Rica, Alonso de Grado se dedicó a darse aires de gran señor, exigirles joyas de oro a los pueblos que ya se habían dado como amigos y a comer muy bien, descuidando los trabajos en la fortaleza y esperando que llegase gente de Diego Velázquez para levantarse contra Cortés; pero informado de todo esto, Cortés mandó a Gonzalo de Sandoval que llevó en su compañía a Pedro de Ircio, muy su amigo y al que siempre ayudó, aunque el tal Ircio no era recomendable.

Cuando Sandoval llegó a la Villa Rica, destituyó a Alonso de Grado y lo mandó preso a México por órdenes de Cortés. El capitán se negó a recibirlo y a hablar con él y dispuso que lo pusieran en un cepo de una madera que olía a ajos y cebollas. Estuvo dos días en el cepo porque ofreció a Cortés serle leal y buen servidor, hasta que lo convenció y logró que lo soltara. Cortés no le dio ya ningún mando militar y sólo andando el tiempo, cuando se mandó a Alonso de Ávila como procurador a Santo Domingo, Alonso de Grado se quedó en su lugar como contador.

Sandoval en la Villa Rica se dedicó a granjearse la buena voluntad de los vecinos y de los pueblos indígenas con su buen carácter e indulgencia, ocupándose de terminar los trabajos de la fortaleza, comenzando a enmaderarla y ponerla en estado de servicio.

Cortés le ordenó a Sandoval que en llegando a la Villa Rica, le enviase dos herreros con toda su herramienta y el hierro de los navíos y dos cadenas gordas que había mandado hacer y que ya estaban listas, así como velas, jarcias, pez, estopa, una aguja de marear y todo lo necesario para hacer dos bergantines en la laguna.

A diario Cortés, con los capitanes Pedro de Alvarado, Juan Velázquez de León y Diego de Ordaz trataban a Moctezuma y le tenían muchas atenciones diciéndole que no tuviese pena por su prisión, a lo que contestaba que se encontraba bien y que así era disposición de Uichilobos. Algunas veces jugaba Cortés con Moctezuma un juego indígena llamado *totoleque*, consistente en lanzar unos tejuelos, que en el caso de este gran señor eran de oro, a alcanzar cinco rayas, perdiendo o ganando algunas piezas de oro y otras joyas que se apostaban. Moctezuma se reía de las trampas que le hacía Alvarado a Cortés. Los soldados que estaban de guardia también se reían porque Moctezuma decía que *Tonatiuh* (como le decían a Alvarado los indígenas por su pelo rojo) hacía mucho *ixoxol* (trampas). Cuando ganaba Moctezuma, repartía las joyas entre los soldados que lo cuidaban.

Un día entró de guardia un marinero muy fuerte y alto que se apellidaba Trujillo, maldiciente y de costumbres deshonestas, por lo que Moctezuma, que era de trato muy fino y amable preguntó a Orteguilla su paje que quién era aquel malcriado; y el muchacho le dijo que era un marinero maleducado y de mala crianza, por lo que Moctezuma, otro día que estaba de guardia Trujillo, le llamó y con buenas palabras que tradujo Orteguilla, le dijo que no se comportara groseramente y sin el acato debido, regalándole una joya de oro; pero Trujillo no hizo el menor caso y volvió con sus groserías, por lo que Velázquez de León, que se había hecho mucho estimar de Moctezuma e informado de las groserías, reprendió severamente a Trujillo y no lo volvió a poner en la guardia.

Otro caso fue el de un Pedro López, muy buen ballestero y buen soldado en que una noche, cuando le tocó el cuarto de guardia para cuidar a Moctezuma, le dijo al cuadrillero: *¡Oh, pese a tal con este perro, que por velarle a la continua estoy muy malo del estómago, para me morir!* Lo oyó Moctezuma y lo supo Cortés, que tuvo tanto enojo que ordenó darle azotes al soldado. Con esto ya pararon las graves faltas de atención por parte de algunos soldados hacia Moctezuma, que conocía sus nombres y sus cualidades, obsequiándoles joyas, mantas o indias hermosas.

Por esos días llegaron de la Villa Rica las cadenas gordas y todas las cosas pertenecientes a los bergantines y tan pronto como estuvieron en México, Cortés le hizo saber a Moctezuma que deseaba hacer dos navíos chicos para andar por la laguna, y le pidió que le prestara sus carpinteros para cortar la madera bajo la dirección del muy extremado maestro de rivera Martín López y su segundo llamado Andrés Núñez. La madera fue prestamente traída y dado el gálibo (la forma de quillas, cuadernas, puentes, etcétera, de la obra de un barco) y con la ayuda de muchos y hábiles carpinteros indígenas, pronto quedaron terminados y salieron muy buenos veleros.

Moctezuma dijo a Cortés que quería salir para ir a sus templos a cumplir sus devociones y decirles a sus sobrinos que estuvieran en paz, porque sabía le iban a querer dar guerra a los castellanos para liberarlo. Cortés le dio el permiso pero le previno que no hiciese alboroto para promover la guerra porque lo matarían a estocadas; y que no hiciese ningún sacrificio de almas. Salió Moctezuma con la misma pompa de siempre, con sus muchos capitanes, grandes caciques y con los capitanes Juan Velázquez de León, Pedro de Alvarado, Alonso de Ávila y Francisco de Lugo, ciento cincuenta soldados y el padre Olmedo. Llegaron al templo mayor en donde Moctezuma fue recibido por los sacerdotes que ya habían sacrificado cuatro mancebos, por más que Cortés les decía que ya no lo hicieran, pero el padre Olmedo y los capitanes tuvieron que disimular para no provocar un levantamiento porque los sobrinos de Moctezuma tenían muy revuelto a México y a otras ciudades.

Cuando los bergantines ya terminados fueron botados al agua con todos sus aparejos, Moctezuma dijo a Cortés que deseaba ir de cacería por la laguna a un peñón que era reservación para él, a lo que Cortés accedió pero le volvió a prevenir que no fuera a provocar un levantamiento porque le matarían en el acto, diciéndole que fuera en los bergantines, que tendría gran gusto por ser mejor navegación que en las canoas. Moctezuma dio cumplidas gracias y subió al bergantín más ligero, llevando en su compañía a muchos principales; y en el otro bergantín subieron otros muchos caciques y un hijo de Moctezuma.

Cortés mandó a los mismos cuatro capitanes, a doscientos soldados bien armados y con cuatro bombardas de bronce con bastante pólvora. El recorrido por la laguna y la cacería fueron muy agradables, especialmente para Moctezuma. Cuando estaban de regreso, ya cerca de México, los capitanes ordenaron disparar la artillería, por lo que Moctezuma se mostró muy contento y admirado de todo lo que veía.

Dejemos esto aparte y digamos cómo la adversa fortuna vuelve de cuando en cuando su rueda, dice sentenciosamente Bernal para explicar que mientras que estos días pasaban, Cacama, señor de Texcoco, la segunda ciudad después de México, y sobrino de Moctezuma, convocó a todos los caciques de su gobernación; y a los señores de Tacuba, Coyoacán, Iztapalapa, una muy principal como era el de Matlatzingo, con derecho directo al trono. Cacama expuso concretamente que se trataba de marchar con todas las fuerzas a México a dar la guerra a los castellanos. Entonces, el señor de Matlatzingo dijo que si le daban el señorío de México, que le correspondía por derecho, sería el primero que iría con sus guerreros para echarlos y luego no dejar con vida a ninguno. Cacama se disgustó porque él también se sentía con derecho. Dijo que ya estaba de acuerdo con los principales de México que le facilitarían la entrada, y con la ayuda de otros pueblos y señoríos daría la guerra.

Moctezuma supo los planes de Cacama, los comprobó y los puso en conocimiento de Cortés, que le pidió guerreros mexicanos para ir a acabar con Cacama y arrasar Texcoco, consejo que rechazó Moctezuma y entonces Cortés se limitó a mandarle decir a Cacama se detuviese en andar haciendo alborotos y promoviendo guerras; pero Cacama contestó a Cortés con palabras soberbias, diciéndole que ni siquiera lo conocía ni tenía por qué darle obediencia.

Pero Cacama era de carácter duro y arrogante y no era querido por sus parientes y caciques. En México estaba un su hermano llamado Ixtlixóchitl, que había huido para que no lo matara, porque le era sucesor en el gobierno. Cortés le propuso a Moctezuma mandara llamar a Cacama y como aceptó, Cortés le volvió a ofrecer la libertad, pero le dijo que los capitanes se oponían y que no fuera que sus sobrinos se revolvieran para quitarle el mando, mas Moctezuma sabía que en verdad Cortés no lo quería soltar, y menos con las intenciones manifiestas de sublevarse de sus sobrinos. Moctezuma mandó llamar a Cacama para darle algunas explicaciones sobre la razón de estar preso, pero Cacama se expresó con muchas palabras duras y de enojo, amenazando con dar muerte a los españoles, y que su tío era una gallina al no actuar enérgicamente, que había entregado el tesoro de su abuelo Axayácatl, había hecho quemar a sus capitanes por lo de Almería y que ya no se podía soportar tanto, sino que debían juntarse para dar guerra a los españoles, ofreciendo grandes favores a los señores, caciques y capitanes comarcanos si lo ayudaban en su empresa y a quedarse con el señorío de México. Los capitanes se miraban sorprendidos de lo que dijo Cacama y cinco hicieron saber que no lo ordenaba Moctezuma. Cacama los hizo poner en prisión. Cuando lo supo Moctezuma se disgustó mucho y mandó a algunos capitanes de su confianza, con el brazalete de Uichilobos para ser obedecido. Cacama y cinco capitanes fueron hechos prisioneros y conducidos a México. El cacique rebelde le dijo a Moctezuma la verdad sobre sus planes para alzarse pero los capitanes por separado le completaron la noticia diciéndole que se quería quedar con el señorío de México. Moctezuma lo remitió a Cortés para que lo tuviera preso y encadenado. Cortés le pidió a Moctezuma mandara como señor de Texcoco al joven príncipe Ixtlixóchitl, al que los españoles llamaron don Carlos, que fue colocado como señor y reconocido por la nobleza texcocana. Los otros señores de Tacuba, Iztapalapa y Coyoacán, también fueron hechos presos y encadenados.

Después de estos sucesos, Cortés recordó a Moctezuma que antes que ellos llegaran a México, en dos ocasiones su señoría le mandó ofrecer tributo para Su Majestad y que para esos días ya habría entendido el gran poder de su rey y señor, al que le rendían tributo muchos reyes y señores; entonces, estaría bien que él y sus vasallos le dieran su obediencia y luego el tributo. Moctezuma mandó reunir a sus caciques y principales, pero el señor de Matlatzingo se negó a dar dicha obediencia y tributo, y escapó al interior de su provincia para no ser hecho preso.

Moctezuma tuvo graves pláticas con sus gentes principales y los convenció a rendir la obediencia y pagar el tributo de buena voluntad. Hubo escenas de tristeza y de llanto, que alcanzó hasta algunos soldados españoles que le habían tomado mucho afecto a

Moctezuma. Finalmente, ante Cortés y muchos capitanes y soldados, el escribano Pedro Hernández asentó en un documento que Moctezuma y sus señores daban obediencia a Su Majestad el Emperador y rey don Carlos, y le rendían vasallaje.

Desde hacía tiempo el capitán Cortés tenía resuelto enviar exploraciones para llegar a los lugares donde los indígenas obtenían el oro y así, entre otras pláticas, preguntó a Moctezuma en qué parte estaban las minas, en qué ríos y cómo sacaban el oro, porque quería mandar a verlo a dos soldados que eran mineros. Comenzaron las exploraciones de los ríos auríferos. El piloto Gonzalo de Umbría, el mismo de los castigos impuestos en la Villa Rica cuando se descubrió la conspiración para dar la vuelta a Cuba, y que si sufrió alguna mutilación no sería tan grave que le impidiese la vida activa, con dos soldados y emisarios aztecas designados por Moctezuma, fue a la Mixteca. Un mancebo apellidado Pizarro, pariente de Cortés fue a las tierras de Chinantla, comprendida en los límites del actual estado de Oaxaca. Otros castellanos fueron a Tochtepec y todos los encargados de estas comisiones regresaron dando informes halagadores sobre los ríos auríferos y de las riquezas de las tierras. Sucedió, además, que los enviados a Chinantla encontraron, no sólo una buena recepción entre los naturales, como los que fueron a otras partes, sino la disposición de rendir vasallaje a los castellanos, si éstos ofrecían protección contra los de Moctezuma. Cortés preguntó a Pizarro por los demás soldados que llevó, que se llamaban Barrientos, Heredia el viejo, Escalona, Cervantes el chocarrero y Alonso Hernández Carretero y le dijo que quisieron quedarse por allá. Lo mismo aconteció en una expedición organizada para buscar un buen puerto. La formaba Diego de Ordaz con dos soldados y muchos mexicanos que Moctezuma puso a su disposición. Salieron de San Juan de Ulúa por toda la costa hasta Coatzacoalcos, cuyo cacique, como el de Chinantla, pedía el amparo de los castellanos. Tanto halagaron a Cortés los resultados de esta expedición, que mandó a Juan Velázquez de León con ciento cincuenta soldados para que fundase un pueblo en Coatzacoalcos, tal como lo hizo, dejando a algunos soldados como vecinos y regresando a México.

Se recordará que al salir de Cempoala, Cortés había sabido por los enviados de Francisco de Garay, que se trataban de establecer en el Pánuco. Para quitarle a aquel adelantado las provincias que él consideraba de su territorio, procuró ponerse en contacto con los naturales, recibiendo de ellos un cumplido homenaje. Ya en México, y en la intención de apoderarse de las más remotas tierras, envió sus representantes a Pánuco, resultando que el cacique se reconoció como vasallo del rey de Castilla.

Ya de regreso a México los exploradores con muestras de oro y relación de todas las tierras, Cortés resolvió pedir a Moctezuma que todos los caciques entregasen el tributo a Su Majestad. Moctezuma mandó emisarios y el único que se negó a darlo fue aquel su pariente que decía que era también señor de México, y que no aceptaba tratos. Moctezuma se disgustó mucho y lo mandó aprehender. Llegado a su presencia el detenido le habló violentamente y sin ningún respeto, haciendo pensar que estaba medio loco. Cortés le pidió a Moctezuma se lo mandase para guardarlo, pero la verdad era que temía que Moctezuma lo mandase matar. Cortés trató al prisionero con amabilidad y le recomendó no hiciera locuras, manteniéndolo con los otros principales.

En unos veinte días regresaron todos los emisarios que mandó Moctezuma a recoger los tributos, y entonces mandó llamar a Cortés, a los capitanes y a algunos soldados para decirles que con mucho gusto entregaba ese tributo de sus pueblos vasallos para el Emperador y que el tributo de él iba a ser el tesoro de Axayácatl, que estaba enterado habían abierto la cámara donde se encontraba pero que no tomaron nada de él. Los españoles se quedaron maravillados del gran obsequio que iba a hacer Moctezuma y todos se lo agradecieron. Al entregar dicho tesoro, que era tan cuantioso, hubo necesidad de tres días para contarlo, valorándolo en seiscientos mil pesos de oro puro. Se mandaron traer unos orfebres indígenas de Azcapotzalco para que desmontaran las joyas y todo se fundiese, causando gran admiración las numerosas barras que salieron de todo lo reunido. Frente a Gonzalo Mejía y Alonso de Ávila, contadores reales, se marcó el oro con las armas de Su Majestad.

De lo que se obtuvo, Cortés ordenó se sacase el Quinto Real, luego otro quinto para él, luego un cierto dinero que dijo haber gastado en la armada; que se apartase una cantidad para cubrir la deuda de Diego Velázquez; los gastos de los procuradores que se fueron a Castilla; la cuenta de los que quedaron en la Villa Rica, que eran setenta y cinco; dinero para pagar el caballo de Cortés que se le murió y la yegua de Juan Sedeño que mataron los tlaxcaltecas; para pagar a los religiosos; y estos gastos y otros más fueron tantos, que de ese reparto no quedaba más que muy poco, y muchos soldados se negaron a recibir su parte, que cuando mucho era de cien pesos. Todos se quejaban de las cuentas que había hecho Cortés. Cortés supo de todas las quejas y murmuraciones y de lo disgustado que estaban los soldados, pero con palabras suaves y regalos aquí y allá los dejó un poco tranquilos.

Un día dijo Moctezuma a Cortés que para demostrarle lo mucho que lo quería, deseaba regalarle una hija suya muy hermosa, para que fuera su legítima mujer, pero Cortés, dándole las gracias, le dijo que era casado y tenía mujer y que entre ellos no podían tener más que una mujer, pero que la aceptaría si se hiciera cristiana, lo que Moctezuma tomó a bien, pero no cesaba en sus sacrificios y mataban en ellos algunos indios. Para ya impedir esos usos sangrientos, Cortés con sus capitanes pensaron que sería muy peligroso derribar los ídolos porque se alzaría la ciudad contra ellos por lo que, para ver su reacción, le dijo que en razón de que continuaban con sus sacrificios a sus ídolos, le pedía permiso para quitarlos de allí y en su lugar poner un cuadro de la Virgen María y una cruz, y que si no contaba con el permiso, iría a derribarlos y no quería matar a los *papas* que se opusieran. Moctezuma se alteró mucho y le contestó que con esa actitud corrían grave peligro sus vidas, por lo que Cortés obtuvo finalmente de Moctezuma que en un apartamento del gran *cú* se hiciera un altar para la imagen de la Virgen y la cruz diciéndole que luego verían lo provechoso que sería. En unos días quedó listo el altar y se cantó misa, sin que se produjese ningún incidente, pero algunos días después, Moctezuma llamó a Cortés para decirle que habían venido unos *papas* a verlo para decirle que les habían hablado sus dioses, que se querían ir a otra ciudad porque eran maltratados por los *teúles* y que no querían quedarse si no los mataban, y se lo dijeron a Moctezuma para que previniera a todos sus capitanes y luego comenzasen la guerra. Moctezuma mandó llamar a Cortés con Orteguilla, que agregó que el gran señor estaba muy triste después de que habló con los *papas*. Cortés fue en compañía de Cristóbal de Olid, de doña Marina y de Jerónimo de Aguilar y después de los saludos acostumbrados, Moctezuma les dijo que los *papas* le habían avisado y que los hicieran irse por el mar, por lo que recomendaba que antes que empezaran la guerra, salieran de la ciudad y no quedara ninguno, si no, los matarían.

Cortés dio las gracias por el aviso pero hizo saber que no tenían navíos para salir que tendría él que irse con ellos para que lo conociera el Emperador y que detuviera a los *papas* y capitanes hasta que se hicieran tres navíos, y para que viera que era verdad, mandara luego a sus carpinteros con los maestros a cortar la madera para hacer los navíos. Se puso más triste Moctezuma por lo de ir con los castellanos pero dispuso que salieran los carpinteros para la costa en compañía de los maestros de rivera, que llegados a la Villa Rica se apresuraron a labrar la madera para hacer los navíos y pronto los tuvieron en astillero.

9

Velázquez vuelve
a las andadas

Mientras que los españoles siempre estaban alertas
en México, con las armas listas, los caballos embrida-
dos y ensillados, las guardias que cuidaban a Moctezuma dobladas y en verdad todos prontos para combatir, ante la amenaza constante de que iban a ser
atacados, llegaron a las playas de San Juan de Ulúa
muchos navíos procedentes de Cuba a las órdenes del
capitán Pánfilo de Narváez, porque cuando Velázquez, gobernador de Cuba, supo que Cortés había

mandado procuradores a Su Majestad, con mucho oro y otros ricos presentes, el obispo de Burgos, que ya hemos citado, le avisó a Velázquez que mandara prender a Cortés y a los suyos, y que él desde Castilla le daría todo su apoyo. Velázquez se apresuró a reunir una armada con diez y nueve navíos, mil cuatrocientos peones, veinte cañones con mucha pólvora y pelotas de piedra, ochenta de a caballo, noventa ballesteros y setenta escopeteros, pero la Audiencia de Santo Domingo supo lo de la armada y para evitar una desavenencia seria que terminara con los grandes adelantos que había ya hecho Cortés, mandó al oidor Lucas Vázquez de Ayllón para que impidiera un conflicto, pero como éste no pudo detener la orden que saliese la armada, como último recurso se vino con ella. Los pilotos siguieron la ruta ya conocida: Cozumel, Mujeres, Champotón, Tabasco y al llegar a la costa de San Martín, en la noche naufragó un barco por causa de los vientos de travesía; y se ahogaron unos cincuenta hombres.

Continuó el viaje la expedición de Narváez y finalmente llegó a los arenales de Chalchicuecan, en donde habían fundado el ayuntamiento de los Cortés. La noticia de la llegada de Narváez fue llevada por los indígenas a los españoles que se habían quedado en la región de Chinantla para buscar oro: Cervantes el chocarrero, Escalona y Alonso Hernández Carretero, que apresuradamente fueron con Narváez, se presentaron, e invitados a comer con mucho vino, se quejaron amargamente y *alzando las manos a Dios que les libró del poder de Cortés*, diciendo: *Mirad si es mejor estar aquí bebiendo buen vino que no cautivo en poder de Cortés, que nos traía de noche y de día, tan avasallados que no osábamos hablar.* Y Cervantes, que era un truhán, haciéndose el gracioso dijo: *¡Oh, Narváez, que bienaventurado eres y a qué tiempo has venido! Que tiene ese traidor de Cortés allegados más de setecientos mil pesos de oro, y todos los soldados están muy mal con él porque les ha tomado mucha parte de los que les cabía de oro, y no quieren recibir lo que les da.* Y le dijeron que a ocho leguas de allí estaba fundada una villa que se nombraba la Villa Rica de la Vera Cruz y tenía por capitán a Gonzalo de Sandoval, con setenta soldados viejos y enfermos y que si se mandara contra ellos alguna gente de guerra, fácilmente se entregarían.

Mientras tanto unos pintores habían tomado copia fiel de los diez y ocho navíos, caballos, armas, soldados y todo lo de la fuerza de Narváez, que remitieron a Moctezuma. Éste envió a sus principales la orden de darles bastante comida, y regalos de oro y mantas, sin que lo supiese Cortés. Narváez le mandó decir a Moctezuma muchas malas y duras palabras en contra de Cortés y de los suyos, asegurándole que eran gentes malas y ladrones que venían huyendo de Castilla sin licencia de su rey y señor; que a ellos los mandaba para que lo suelten de las prisiones y castigue a los responsables de los desacatos y violencias. Junto con estos recados le mandó algunas cosas de Castilla.

Moctezuma quedó muy contento con todo lo que pasaba, porque estaba seguro que, teniendo tantos soldados Narváez, prendería a Cortés y a los suyos con facilidad, ordenando a todos los caciques de las comarcas aquellas, que les diesen alimentos y regalos.

Cortés ignoraba todo completamente, pero notó que Moctezuma estaba muy alegre y de buen semblante.

Como ese día fue dos veces a verlo, Moctezuma temió que el capitán ya supiese lo de Narváez y para no hacerse sospechoso, le dijo que por mensajeros estaba informado que habían llegado a la playa donde él mismo había desembarcado, diez y ocho navíos con muchos soldados, caballos y bombardas, y que pensaba que Cortés ya lo sabía y se lo iba a decir en una de sus visitas que le hizo ese día; y que entonces no habría necesidad de que se hicieran los navíos para que todos juntos se fueran a Castilla.

Cortés, cuando oyó la noticia, se puso muy contento y los soldados más: escaramucearon los caballos e hicieron salvas con la artillería; pero Cortés al poco rato cayó a la cuenta que aquella armada enviada por Velázquez no podía ser buena para él, y ni sabía quién vendría como su capitán. Apresuradamente reunió a sus capitanes y soldados para exponerles la situación, les dijo muchas palabras agradables, les dio muchas piezas de oro en tejuelos y los convenció completamente de seguir en la empresa teniéndolo a él por jefe.

Cuando Narváez quedó informado de la existencia de la Villa Rica, envió a un clérigo que se apellidaba Guevara acompañado por un pariente de Diego Velázquez, llamado fulano Anaya y de un escribano y tres testigos para notificar a Sandoval se entregase en virtud que había cambio de disposiciones. Sandoval sabía ya de la llegada de los navíos y de la mucha gente que en ellos venía, por lo que puso sobre las armas a todos sus soldados ya que sabía que la dicha armada estaba enviada por Diego Velázquez. Sandoval dio órdenes para que si viniesen los de Velázquez, no se le entregase la villa y todos los soldados le eran absolutamente adictos. Los guardias del camino que iba a Cempoala mandaron avisarle que se aproximaban seis españoles, pero Saldoval no quiso salir a recibirlos ni que nadie hablese con ellos. Los recién venidos vieron la fortaleza, en la que trabajaban algunos indios y luego entraron a hacer oración a la iglesia. Fueron a la casa de Sandoval en donde los recibió *en buena hora*, pero luego el padre Guevara inició un razonamiento que a medida que lo fue desarrollando llegó a calificar a Cortés y sus compañeros de traidores y los invitaba a dar obediencia al capitán Pánfilo de Narváez, que venía enviado del gobernador de Cuba, Diego Velázquez. Sandoval detuvo en sus explicaciones al padre Guevara y le hizo saber que no lo castigaba por su condición de eclesiástico, porque ellos eran mejores servidores de Dios y de Su Majestad que nunca lo fue Diego Velázquez. Le dijo que fuera a México en donde estaba Hernán Cortés, capitán general y Justicia Mayor de esta Nueva España y que allí no tenía que hablar más. El padre Guevara insistió y le dijo al escribano que leyese las disposiciones, pero Sandoval le hizo saber al escribano que si intentaba leer las disposiciones, que bien podrían ser falsas, le haría dar cien azotes. El padre Guevara, muy soberbio le dijo al escribano: *¿Qué hacéis con estos traidores? Sacad las provisiones y notifícádselas.* Sandoval enfurecido le dijo que mentía como ruin clérigo y ordenó a los soldados que los hicieran presos, mandándolos a México en *hamaquillas*. Con los presos mandó Sandoval un pliego a Cortés en el que le avisaba quién era el capitán de la armada. Cuando llegaron los presos a México, Cortés dispuso que fueran inmediatamente puestos en libertad, los recibió muy bien y les pidió disculpas por la falta de respeto que Sandoval había cometido con ellos.

Cuando el clérigo Guevara y sus compañeros, maravillados vieron que México era una gran ciudad, la gran riqueza que tenía Cortés, sus capitanes y soldados, y la gran liberalidad con la que los trataba, así como los ofrecimientos y halagos que les hizo y muy buenos tejuelos de oro que les dio, los convirtió en sus incondicionales partidarios, regresándolos al campo de Narváez, en donde empezaron a correr la voz de lo conveniente que sería pasarse al bando de Cortés.

Y antes que saliera Guevara y sus compañeros de México, Cortés mandó a Narváez unas cartas con los correos indios, en las que le hacía muchos ofrecimientos y diciéndole que haría lo que él mandase pero que no alborotase la tierra ni que los indios viesen que había divisiones entre ellos, ofreciéndose como su servidor, pero mandó otras cartas para sus amigos y gente descontenta con Narváez, porque por el padre Guevara sabía que Narváez no era bien visto por sus lugartenientes y le recomendó que les mandase algunos regalos de oro para contar con ellos.

Cortés les agregaba que no dieran causa para que Moctezuma, que estaba preso, se levantara, y con él la ciudad porque entonces correrían grave peligro sus vidas. El padre Guevara había dicho a Cortés que venía con la expedición su antiguo amigo y socio Andrés de Duero por lo que se apresuró a escribirle a él y al oidor Vázquez de Ayllón, enviándole algunas piezas de oro para que las repartiesen entre sus amigos. Después mandó al padre Olmedo con bastantes piezas de oro para que también las distribuyese venida la ocasión. Narváez andaba mostrando la carta que le mandó Cortés, riéndose y burlándose del capitán y de sus soldados, pero uno de sus capitanes, apellidado Salvatierra, muy disgustado le dijo que no debía festejar cartas de traidores, que debía marchar con todos sus soldados contra ellos y juró que le cortaría las orejas a Cortés para comerse una asada.

En esos momentos llegó el padre Guevara con sus compañeros y dijeron a Narváez que en verdad Cortés era un gran servidor de Su Majestad y de las muchas ciudades que vieron en el camino y de la gran ciudad que era México; lo conveniente que sería se pusieran de acuerdo los dos, que dejara a Cortés en unas provincias y él tomara otras, pero Narváez se disgustó mucho con Guevara y no quiso saber más de lo que le decía, mas los soldados oían constantemente relatos que en secreto hacían de Cortés, de los tesoros que tenía, de lo dadivoso que era y de las grandes ciudades que estaban en su poder, al grado que ya estaban por pasarse con él. En eso llegó el fraile de la Merced (el padre Olmedo) al campo de Narváez con las cartas para el capitán, con muy buenas palabras y ofrecimientos, pero Narváez era muy testarudo y no sólo rechazó la paz que le ofrecía Cortés sino lo volvió a tachar de traidor, aunque el padre Olmedo lo contradecía, que era muy bueno y leal servidor del rey. El padre Olmedo, separado de Narváez y muy en secreto, repartía oro y platicaba con los capitanes y soldados sobre la conveniencia de ayudar a Cortés.

Una persona que ponía mucho entusiasmo para ayudar a Cortés fue el oidor Lucas Vázquez de Ayllón, porque decía que Narváez se guardaba para sí todos los regalos que mandaba Moctezuma y traía muy alborotados a los soldados y a un caballero letrado que se apellidaba Oblanca, que opinó formalmente que Cortés y los suyos eran muy fieles servidores del rey y merecían muchas mercedes y no que los llamasen traidores. Narváez se puso muy enojado y los mandó poner presos: a Ayllón lo remitió en un navío a Castilla y el caballero Gonzalo de Oblanca, estando encadenado, murió a los cuatro días. Ayllón, con ofrecimientos o amenazas que dio al piloto y a los marineros, obtuvo que lo desembarcaran en Santo Domingo, en donde se quejó con los padres jerónimos, gobernadores de la isla, que mandaron queja a Su Majestad, diciéndole que Diego Velázquez había mandado la armada sin su real licencia y tenía preso a su oidor. El rey, cuando supo esto, se molestó mucho y posteriormente esta causa ayudó a Cortés en las acusaciones que le hicieron.

Algunos soldados que eran amigos o deudos de Ayllón, se huyeron para presentarse con Sandoval y le dijeron que Narváez lo quería prender, por lo que el capitán de Cortés levantó el campo y lo trasladó a otro pueblo.

También Narváez, tomando todo su material, armas, municiones y pertrechos, trasladó su campo a Cempoala y le quitó al cacique gordo las mantas, ropa y oro que Cortés le dio a guardar lo mismo que las indias, hijas de los caciques que les habían dado. El cacique gordo instaba mucho a Narváez para que no tomara las pertenencias de Cortés porque lo mataría y constantemente se quejaba de que sus soldados hacían muchos males y robos, diciéndole que Malinche y su gente eran muy respetuosos y no les tomaban ninguna cosa. Salvatierra, que era el que más palabras duras decía de Cortés, se burlaba y comentó con Narváez y sus amigos que esos caciques le tenían miedo al insignificante Cortés.

Narváez mandó al capitán Cortés copias de las disposiciones para ser capitán por Diego Velázquez, con cuatro soldados que sirviesen de testigos y un escribano, mientras que en el campamento de México se hacía consejo y se resolvía marchar contra Narváez, dejando en México a Pedro de Alvarado con ochenta soldados guardando a Moctezuma. Cuando éste supo que iban a atacar a Narváez, con sorpresa preguntó a Cortés que si eran hermanos y cristianos y súbditos del mismo rey, no entendía por qué iban contra ellos, pero Cortés le explicó que aún siendo más, con la ayuda de Dios los vencería porque eran malos y le dijo también que ellos eran castellanos y los de Narváez vizcaínos, y que no tuviera pena porque pronto los traería presos. Que dejaba a Tonatiuh (Alvarado) con ochenta soldados para que no hubiera alboroto en la ciudad y que no consintiera que sus *papas* y capitanes se fuesen a sublevar. Moctezuma le ofreció darle cinco mil hombres de guerra para ayudarlo, pero Cortés no los aceptó. Por su parte, los tlaxcaltecas proveyeron de alimentos pero no quisieron darle los guerreros que Cortés les había pedido.

Se pusieron en camino los soldados de Cortés con todas las medidas de seguridad, y prontos para ir contra los de Narváez, y en el camino se encontraron con el escribano y los soldados que serían testigos y que mandaba Narváez; fueron muy bien recibidos y tratados, regresando a su campo con muchos regalos de oro y diciéndoles a los soldados en Cempoala, que la gente de Cortés tenía mucho oro y otras maravillas, aumentando el deseo de muchos de ellos de unírsele a Cortés.

Al día siguiente llegó Sandoval con sesenta solda-

dos a unirse a Cortés y venían con él los cinco soldados amigos de Ayllón, que se habían huido de
Narváez. Relató Sandoval que había mandado dos
soldados disfrazados de indios y que le habían robado
a Salvatierra dos caballos, que dejó en el pueblo de
Papalote, en donde también dejó a unos soldados enfermos.

Al llegar a un pueblo llamado Panganequita, Cortés mandó otra vez al padre de la Merced con otra
carta para Narváez en la que le decía se alegraba de
que hubiera venido y estaba seguro que con su ayuda
harían gran servicio a Dios y a Su Majestad, que no
había respondido a las otras invitaciones y sabe que
les sigue llamando traidores, siendo que son fieles y
leales servidores del rey; y que ha producido desór-
denes con las palabras que le mandó decir a Moctezuma; que le pide que en tres días le mande mostrar
las órdenes que trae, para darles exacto cumplimiento. Que se encuentra allí para estar más cerca de su
campo y que si produjera alborotos, marcharía a prenderle para mandarlo preso ante el rey; que le devuel-
va al cacique gordo todas las prendas y cosas que le
había tomado y que ordenara que sus soldados no
robaran a los indios. Fue con el padre Olmedo el soldado Bartolomé de Usagre, hermano del jefe de la
artillería de Narváez. Al llegar Olmedo al campo de
Narváez, habló con muchos capitanes y soldados, re-
partiéndoles piezas de oro, pero haciéndose sospechoso a Narváez, ordenó que lo prendiesen, mas Andrés
de Duero, el amigo de Cortés, lo convenció que no
hiciera tal cosa. Narváez llamó a Olmedo y éste, buscando que estuviesen muchos presentes, le entregó la
carta y le dijo que si trataba con atención a Cortés,

éste se rendiría junto con los suyos. Agustín Bermúdez, alguacil mayor en el campo, propuso que fueran a hablar con Cortés, Andrés de Duero, Salvatierra y él mismo, pero Salvatierra se negó. Narváez propuso a Duero atraer a Cortés a pláticas a un pueblo de indios y allí hacerlo preso, pero éste le mandó avisar a Cortés y ya así estuvo prevenido. Cortés, por su parte, mandó hacer un pueblo de indios, que eran sus amigos y se decían los chinantecas, trescientas lanzas largas armadas con puntas de hierro, que iban a ser muy útiles, y luego hizo recuento, y encontró que tenía doscientos sesenta y seis soldados.

Cuando llegó Duero al campo de Cortés, con el soldado Usagre y con dos indios de Cuba, quedó sorprendido de ver a su socio tan rico y poderoso y consideró oportuno el momento para pedirle su participación, que debía ser muy grande, porque quedaría dividida entre los dos, ya que el otro socio, el tesorero· Amador de Lares, había muerto. Cortés le prometió muchos tesoros y cargos en la armada, con tal de que tuviese de su lado al alguacil Agustín Bermúdez, para ayudar a derrotar a Narváez. Andrés de Duero recibió de Cortés mucho oro y además le dio unos tejuelos para regalárselos a sus amigos, como el clérigo Guevara y otros. Ya para regresar a su campo Duero, Cortés muy comedidamente lo amenazó si le hacía traición, a lo que Duero, riéndose le contestó que nunca lo haría. Todavía para crear más confianza en Narváez, Cortés mandó a Velázquez de León a presentársele, porque tenía entendido Narváez que sin Velázquez de León, fácilmente sería derrotado Cortés. Tocó el pífano y el tambor y los soldados de Cortés se pusieron en marcha en dirección a Cempoala, llegando a la costa al día siguiente, a la hora de *sestear*.

Entre tanto, Velázquez de León llegó a Cempoala y se alojó en la casa del cacique gordo. Unos soldados lo vieron y fueron a decirle a Narváez que allí estaba Juan Velázquez de León. Narváez lo invitó a su casa y lo recibió con muchas atenciones y Velázquez dijo que luego se quería volver para lograr un arreglo con Cortés y que tuviesen paz y amistad, pero Narváez contestó que no podría tener tratos con un traidor, que se le sublevó a su primo Diego Velázquez con la armada. Velázquez le respondió que Cortés no era traidor sino un buen servidor de Su Majestad, y le suplicó que no lo volviera a llamar traidor. Narváez le pidió que se quedara con él y le hizo muchos ofrecimientos y promesas tentadoras, pero Velázquez le respondió que al separarse en esos momentos del capitán al que le había prometido fidelidad, y desconociendo todo lo que había hecho en servicio de Dios y del rey, entonces sí merecería el nombre de traidor, y le suplicaba no hablar más del asunto. Velázquez de León, que era alto, fuerte y bien plantado, se había cruzado una gran cadena de oro que maravillaba a todos los del campo de Narváez. Sigilosamente se acercaron a Velázquez el padre Olmedo, Andrés de Duero y el alguacil Bermúdez, lo que levantó sospecha en algunos capitanes de Narváez, que le dijeron a éste sería conveniente prender a Velázquez de León. Cuando lo supieron Bermúdez, Andrés de Duero y un clérigo apellidado León, todos que eran amigos de Cortés, convencieron al capitán Narváez que no era propia tal medida porque Cortés, aún con cien Velázquez de León ¿qué podría hacer? Narváez aceptó y por separado le dijo a Velázquez de León arreglara que Cortés se le rindiera, pero Velázquez contestó que sería muy difícil y que mejor convendría que partieran las provincias y escogiesen las tierras cada quien.

El fraile de la Merced hizo que Narváez ordenase *dar alarde* delante de Velázquez de León, para que éste viera la fuerza de que disponía. Pasada la revista, Narváez invitó a Velázquez de León a comer, con asistencia de otro pariente de Diego Velázquez, que trató de traidores a Cortés y a los suyos. Velázquez de León se disgustó mucho y estuvo a punto de darle de estocadas si no es que intervinieran los allí presentes. Luego salió Velázquez de León, tomó el caballo y se despidió de Narváez en forma poco cortés, y acompañado de su mozo de estribo y del padre Olmedo, regresó al campo donde estaba Hernán Cortés con los suyos.

Pánfilo de Narváez ordenó que sus soldados estuvieran muy listos con sus armas y caballos. El cacique gordo estaba temeroso de que Cortés estuviese disgustado con él por haber dejado que Narváez tomase sus mantas, oro e indios y por eso tenía espías para saber en dónde se encontraba y por qué camino vendría, porque Narváez lo obligaba a ello.

En el real de Cempoala se dieron pregones contra los de Cortés, para combatirlos a "ropa franca", es decir, sin cuartel. Mandó salir a todos sus soldados a un campo llano, pero estuvo lloviendo mucho y ordenó a las tropas regresar al centro de Cempoala, poniendo con él una guardia numerosa, lo mismo que el capitán Salvatierra y vigilando el paso del río con unos soldados. En el pregón, Narváez hizo prometer mucho oro al que matase o prendiese a Cortés o a Sandoval.

Cortés hizo avanzar a sus soldados y les dio una

plática extensa realzando los méritos que habían ganado en otras batallas, ofreciéndoles muchas cosas y riquezas, pero suplicándoles no hicieran ruido y asignándole a cada capitanía un cometido especial, siendo el primero apoderarse de la artillería, que estaba cerca del aposento de Narváez, en un *cú* muy alto; Sandoval recibió el encargo de apoderarse del propio Narváez; Velázquez de León debía hacer preso a Diego Velázquez, el mozo; Diego de Ordaz a Salvatierra y la contraseña aquella noche era: *Espíritu-Santo*.

Sigilosamente marcharon los de Cortés y sorprendieron a un vigilante que estaba en el paso del río mientras que otro corría al campamento gritando: *¡Al arma, al arma, que viene Cortés!*, pero como era de noche y llovía, los soldados de Cortés fácilmente se apoderaron de la artillería, aunque sus artilleros lograron disparar unos cañonazos, que mataron a tres. Sandoval, con sus sesenta hombres, llegó al *cú* que servía de aposento a Narváez y estuvieron peleando un rato, hasta que se oyó una voz que gritaba: *¡Santa María, que me han quebrado un ojo!* Y los soldados de Cortés gritaban: *¡Victoria, victoria, que muerto es Narváez!* Algunos soldados de Narváez todavía se defendían cuando Martín López el carpintero de mar que hacía los bergantines, que era muy alto, prendió fuego a las pajas del *cú* y todos los soldados de la guardia de Narváez se dieron por prisioneros, lo mismo que después prendieron al capitán Salvatierra y a Velázquez el mozo. Sandoval, que tenía preso a Narváez, permitió que el cirujano de la armada le curase el ojo y atendiese a otros capitanes que estaban heridos. Estando Narváez frente a Cortés, le dijo: *Señor capitán Cortés: tened en mucho esta victoria que de* *mí habéis habido y en tener presa a mi persona.* Y Cortés contestó que le daba muchas gracias a Dios y por la ayuda de sus esforzados caballeros y compañeros que tenía, pero que una de las menores cosas que había hecho en estas tierras era prenderle.

Cuando amaneció, Cortés mandó a Cristóbal de Olid, que era el maestre de campo, para que con ofrecimientos trajera a los de a caballo de Narváez, cosa que logró sin dificultad porque con ellos estaban Andrés de Duero, Bermúdez y muchos amigos de Cortés.

Dentro del número de muertos estaba Carretero, aquel soldado que con Cervantes el chocarrero y Escalona se habían presentado con Narváez para decir muchas cosas en contra de Cortés. Escalona salió herido y Cervantes muy apaleado. Salvatierra, el capitán que tantas ruindades había dicho de Cortés, se portó como un cobarde e inútil. Juan Velázquez el mozo, resultó herido, cayó en manos de Velázquez de León que lo hizo curar y lo atendió muy bien. El cacique gordo de Cempoala también salió herido porque estaba en el aposento de Narváez cuando irrumpieron los soldados de Sandoval. Cortés ordenó que se le curara y se le dejara en completa libertad.

De Cempoala envió Cortés a Francisco de Lugo al puerto donde estaban los navíos para que les ordenara a los maestres y pilotos que sacasen de a bordo velas, timones y agujas de marear para que no fuese alguno a dar aviso a Cuba; lo mismo dispuso el capitán soltasen a tres soldados que tenía presos Narváez porque eran amigos de Cortés.

Cuando llegaron a Cempoala los maestres y pilotos, todos prestaron juramento de obediencia a Cortés que nombró por almirante a un maestre de su confianza, llamado Pedro Caballero, al que le ordenó que cuando llegasen dos navíos que Diego Velázquez iba a mandar de Cuba, los hiciese prisioneros y les desmontara el aparejo.

Cortés ordenó que Juan Velázquez de León se alistase para conquistar y poblar Pánuco con ciento veinte soldados; Diego de Ordaz iría con otros ciento veinte soldados a poblar Coatzacoalcos, y de allí debía mandar a Jamaica dos navíos a comprar yeguas, becerros, puercos, ovejas, cabras y gallinas de Castilla para que se multiplicasen en esa tierra, que debía ser muy propia.

El capitán ordenó que todos los soldados de Narváez que habían sido hechos prisioneros y desarmados, fuesen puestos en libertad y se les devolviesen todas las armas y los caballos, lo que produjo disgusto a sus propios soldados que dijeron *ese era el pago por haberse dejado llamar traidores.*

Alonso de Ávila, contador real y gente de la confianza de Cortés, le reclamó que estaba tratando mejor a los de Narváez que a sus propios soldados. Hubo disgustos y discusiones acaloradas pero Cortés permaneció firme en exigir el cumplimiento de sus órdenes y todo el mundo tuvo que apegarse a ellas.

Es de mucha importancia hacer la consideración que en la gente que traía Narváez a su servicio, venían algunos negros que eran sus mozos, de los cuales uno venía enfermo de viruela, que fue el que trajo esa dolencia a esta tierra y que hiciese tanto daño, produciendo gran mortandad. Dice Bernal... *Si negra fue la ventura de Narváez, más negra fue la muerte de tanta gente...*

10

La Noche Triste

Los de la Villa Rica habían quedado primero con
Juan de Escalante, después teniendo por capitán a
Sandoval, y que se habían ocupado en hacer la fortaleza y algunos hasta tomaron parte en la batalla de
Almería en la que fue muerto el dicho Escalante con
algunos soldados y el caballo, suceso al que ya nos
hemos referido, pidieron a Cortés les dieran la parte
que les correspondía de las ganancias y en esas acla-
raciones estaban y las capitanías prestas para ir a Pánuco y a Coatzacoalcos a conquistar y a poblar, cuando llegaron apresuradamente dos correos tlaxcaltecas

que llevaron noticia oral de que México se había rebelado contra Alvarado, que le habían muerto siete soldados y otros más heridos y que lo tenían sitiado en su cuartel. Luego llegó otro tlaxcalteca con una carta de Alvarado con las mismas noticias y pidiendo socorro con urgencia.

Cortés inmediatamente ordenó la salida de su ejército hacia México a grandes jornadas, dejando en la Villa Rica, en calidad de presos, a Narváez, a Salvatierra y como capitán a uno que se llamaba Rodrigo Rangel, también encargado de cuidar a los enfermos y heridos.

En los momentos en que ya iban a salir los españoles en dirección a México, llegaron cuatro principales enviados por Moctezuma a quejarse de Alvarado, que había salido de su cuartel con todos sus soldados y atacó a los caciques principales que tomaban parte en un baile ritual en honor de Tezcatlipoca y de Uichilobos, con la licencia que el propio Alvarado les había concedido, y que mató e hirió a muchos de ellos y daban muchas quejas del dicho capitán Alvarado. Cortés contestó a los principales, enviados de Moctezuma, que iría a México a poner remedio a todo y luego habló con los soldados de Narváez, convenciéndolos para que lo acompañaran. Se puso inmediatamente en marcha y sin contratiempo llegó a Tlaxcala, donde hizo un recuento, encontrando que tenía mil trescientos peones, noventa y seis caballos, ochenta ballesteros y otros tantos escopeteros y más de dos mil guerreros que le dieron los caciques de los pueblos aliados.

Se prosiguió la marcha y llegaron a Texcoco en donde nadie los recibió ni apareció ningún principal. Después de un breve descanso, Cortés ordenó seguir la marcha a México, a donde llegaron el día 24 de junio de 1520. Las calles estaban desiertas y nadie se veía en las casas de los alrededores: todo estaba abandonado. Al llegar al palacio de Axayácatl, salió Moctezuma a recibirlos pero Cortés no quiso hablar con él, regresando el gran señor a su cámara muy triste y pensativo.

Cortés habló con Alvarado para saber cuál era la causa de la rebelión. Alvarado se quiso justificar echándoles la culpa a Moctezuma, pero los soldados dijeron que si eso fuera cierto, los hubieran matado a todos y que por el contrario, Moctezuma los trató de aplacar para que cesaran la guerra. También dijo Alvarado que Narváez le mandó decir a Moctezuma que venía a sacarlo de la prisión y a prender a los responsables, pero con la derrota de Narváez aumentaría el número de soldados que estuvieran en México, dijeron los capitanes mexicanos que ese era el momento para matar a Alvarado y a sus soldados y poner en libertad a su señor Moctezuma. Cortés volvió a preguntarle a Alvarado por qué los atacó y les dio guerra cuando estaban bailando y haciendo sus fiestas, y Alvarado repuso que sabía que al terminar las fiestas en honor de los ídolos, luego le vendrían a dar guerra, según se lo había dicho un sacerdote, dos principales y otros mexicanos. Cortés les replicó estaba enterado que les había dado permiso para realizar sus fiestas y bailes, a lo que Alvarado dijo que así fue y que lo hizo para tomarlos desprevenidos, darles temor y que así no le vinieran a dar la guerra, y que por eso se les adelantó. Cortés se mostró muy disgustado y le dijo que estuvo muy mal hecho y era un grave desatino. Ya no quiso Cortés oírlo más, aunque

Alvarado también explicó que, cuando se vinieron los escuadrones de guerreros a atacarlo, mandó tirar un cañón, que mal cebado, tardó en disparar y mató a muchos enemigos y que si esto no hubiera ocurrido, los mataran a todos. Una de las primeras cosas que hicieron los mexicanos fue cortar el agua al palacio de Axayácatl, cuartel de los castellanos, por lo que los soldados tuvieron que cavar un pozo en el centro del patio, para sacar agua dulce. Bernal dice en un párrafo que luego tachó, que Alvarado por codicia de ver las muchas joyas de oro que llevaban los principales que bailaban, les fue a dar guerra, pero él mismo asegura en su escrito que debe haberlo hecho para atemorizarlos y adelantárseles.

Como Cortés había dicho a los de Narváez que él mandaba en México y aún el gran Moctezuma le obedecía, y en los pueblos lo recibían con muchas atenciones y regalos, se puso muy disgustado al pasar por los pueblos en donde ni de comer había y en México había desaparecido el mercado y todo estaba solo. Recibió a dos principales que le mandó Moctezuma para decirle que quería hablar con él. Cortés muy enojado dijo: *Vaya este perro que ni tianguis ordena ni de comer nos da* a lo que los capitanes Velázquez de León, Cristóbal de Olid, Alonso de Ávila y Francisco de Lugo le replicaron diciéndole que no se expresara así de un señor que había sido muy buena persona con todos ellos. Cortés más indignado les contestó que por qué debería tener cumplimientos con un *perro* que se estuvo poniendo de acuerdo con Narváez y que ahora ni de comer les quería dar. Los enviados de Moctezuma regresaron al aposento para dar recado que Cortés le pedía ordenase formar el mer-

*El trágico episodio para
los conquistadores de la
"Noche Triste".*

cado o *tianguis*, pero en eso llegó un soldado a gran prisa y mal herido. Dijo que había salido de Tacuba con unas indias que eran de Cortés y una de ellas hija de Moctezuma, cuando fue atacado por muchos guerreros porque toda la ciudad estaba llena de ellos. Cortés mandó decir a Moctezuma que tomase alguna providencia para evitar las guerras y el gran señor aconsejó poner en libertad a Cuitláhuac, a fin de que comunicase sus disposiciones. Cuitláhuac fue puesto en libertad, pero en vez de servir de instrumento de Moctezuma y de los españoles, se incorporó a los sublevados y encabezó el movimiento.

Cortés ordenó que Diego de Ordaz con cuatrocientos soldados saliese a ver si era posible pacificarlos con una demostración de fuerza, pero no bien habían avanzado una calle, cuando salieron muchos escuadrones de guerreros y las azoteas se coronaron de flecheros y honderos. En la primera embestida mataron diez y ocho soldados y al resto lo dejaron mal herido, incluyendo al propio Diego de Ordaz que ordenó el retirarse poco a poco y en eso le mataron otro soldado. Los mexicanos llegaron hasta el cuartel, lanzándoles tal cantidad de flechas y piedras que hirieron a otros cuarenta y seis soldados, de los cuales murieron doce. Después de un combate terrible contra miles de guerreros que lo atacaban por todos lados, Ordaz logró llegar al cuartel, pero luego los mexicanos prendieron fuego a la paja de los techos y los soldados no podían valerse de sus armas por el humo y el fuego que los amenazaba, hasta que echando mucha tierra lograron apagar el incendio.

Y el combate duró todo el día y toda la noche. Ésta la ocuparon principalmente los sitiados en curar heridos, reparar los bastiones y atrincheramientos y alistar las armas para hacer otra salida al día siguiente. Cortés resolvió que amaneciendo, todos los soldados saliesen con los cañones, más que nada, para hacer una demostración de su pujanza; pero igual cosa habían decidido los mexicanos, que tenían tantos guerreros, que sus escuadrones se relevaban de tiempo en tiempo. Siguieron la estratagema de replegarse y los españoles avanzaron, pero cuando éstos ya estaban alejados del cuartel, cerraron contra ellos y trataron de rodearlos, teniendo que abrirse paso los castellanos hacia su campo con grandes esfuerzos y sufriendo muchas bajas. Los patios del cuartel estaban llenos de piedras, varas y flechas. Toda la noche y el día los guerreros mexicanos cantaban, les gritaban palabras provocadoras y tocaban los tambores, caracoles y chirimías de guerra. Los mexicanos habían sufrido muchas bajas pero contaban con enormes reservas y contingentes deseosos de pelear, bien entrenados y descansados. Algunos soldados españoles que habían estado en Italia en las guerras contra los franceses y en Viena, peleando contra los turcos, dijeron que nunca habían visto combates tan terribles y obstinados y tan valientes y esforzados como eran los escuadrones indígenas.

Durante dos días los españoles se concretaron a defenderse en los portillos mientras que los carpinteros se ocuparon de hacer unos mamparos a manera de torres, macizos en los que cabían veinticinco hombres. A estos artificios les llamaban *mantas*. Con ellas se trataba de proteger el avance, escalar las azoteas y atacar en ellas a los enemigos. El primer intento fue hecho el día 28 al amanecer, arremetiendo contra los guerreros que aunque tenían graves bajas no desfallecían. Gritaban que ese día matarían a todos los *teúles* y sus corazones serían ofrecidos a los dioses mientras que sus cuerpos se los echarían a los tigres y a las víboras para que se hartaran. Los muertos eran retirados con rapidez y sustituidos por nuevos combatientes que manejaban con gran habilidad las macanas y las lanzas con punta de pedernal. El ruido de la gritería, de los caracoles y silbatos de guerra era espantoso. Cortés determinó apoderarse del *cú* de Uichilobos que consideró como punto muy importante para el control de la situación. En cada rinconada, en cada casa, en cada puente, los escuadrones de guerreros atacaban sin descanso. Las torres de los castellanos les servían mucho pero la cantidad de golpes con macanas y piedras los inutilizaron. Sin embargo, los castellanos llegaron al gran *cú*, con graves riesgos subieron las gradas e intentaron destruir los adoratorios. Los guerreros tlaxcaltecas tomaban parte en todos los combates con gran entusiasmo y prestaron muy valiosa ayuda. Cortés fue de los primeros en llegar a la explanada superior, pero de todos los rincones salieron guerreros que atacaron con furia y los obligaron a bajarse apresuradamente, todos heridos y chorreando sangre, para retirarse al cuartel. Las *mantas* habían quedado destruidas y los mexicanos ya se habían apoderado del cuartel, pero fueron rechazados, dejando muchos muertos y heridos. Después de haber asegurado los portillos y las bardas derribadas, los castellanos se ocuparon toda la noche en curar los heridos, enterrar los muertos y alistar el armamento para intentar otra salida al día siguiente. Todos los soldados estaban temerosos y espantados.

Los que habían venido con Narváez maldecían a Cortés y a Diego Velázquez que los habían enviado a estas tierras. Cortés tomó la decisión de pedir las paces para poder salir de México y mandó decir a Moctezuma que les hablase esa mañana para decirles cesaran la guerra y que saldrían de la ciudad. Moctezuma se negó y dijo que ya no quería vivir ni saber nada de Cortés. Entonces el padre de la Merced y Cristóbal de Olid, con muy buenas razones lo hicieron resignadamente aceptar porque les dijo que sus palabras ya no tendrían ningún valor puesto que estaba informado que habían levantado a Cuitláhuac por señor y estaban propuestos y decididos a no dejarlos salir vivos. Moctezuma salió a una azotea con muchos soldados que lo protegían y comenzó a hablar a la multitud para decirles que dejasen la guerra y que los *teúles* se irían inmediatamente. Cuando los caciques y capitanes lo vieron, ordenaron a sus gentes que callasen y no tirasen flechas ni piedras; pero un principal le contestó que con mucho dolor le decía ya habían levantado por señor a Cuitláhuac, señor de Iztapalapa, y que la guerra la habían de continuar porque le tenían prometidos a Uichilobos y a Tezcatlipoca darles muerte a todos los *teúles*. Después de la corta respuesta del cacique, los guerreros lanzaron una rociada tan tremenda de piedras y flechas que los soldados no alcanzaron a cubrir a Moctezuma, herido de tres pedradas: una en la cabeza, otra en un brazo y otra en una pierna. No se dejó curar y al poco rato fueron a avisar que había muerto. Cortés lloró y así muchos capitanes y soldados que le habían cobrado gran afecto y cariño. Existe la tradición indígena, totalmente indemostrable, que el joven Cuauhtémoc, su sobrino, fue quien le dio muerte de una pedrada.

Muerto Moctezuma, culparon al padre Olmedo que siempre estaba con él, de nunca haberle insistido para que se volviese cristiano, pero el padre contestó él dejaba que las cosas dieran de sí y además no creía que de ese golpe muriese. Ya habría tiempo para hablarle de esos asuntos más tranquilamente. Cortés dispuso que un *papa* y un principal de los que estaban presos fueran soltados para que dijeran a Cuitláhuac que Moctezuma había muerto a consecuencia de las heridas que le dieron los suyos, que lo enterrasen como era debido, que reconociesen por verdadero señor al cacique de Matlatcinco, que estaba con ellos; que dieran paces para salir de México y que si tal no había, destruirían la ciudad. Mandó que seis mexicanos muy principales sacasen el cadáver de Moctezuma, hecho que produjo más alboroto entre los escuadrones de guerreros, que arreciaron los ataques con furia, gritando amenazas de muerte como venganza por el deshonor de Moctezuma.

A partir de la muerte de Moctezuma, Cortés redobló las peticiones de paz, que siempre fueron rechazadas con palabras soberbias y amenazantes. Entonces se resolvió otra salida para llegar a un lugar en donde había muchas casas. Estando ya en tierra firme, los de a caballo debían alancear a los guerreros sin medir riesgos y en general, causar todos los más daños que se pudiesen. Lo que intentaba Cortés con ese ataque era amedrentar a los mexicanos para que se prestasen a dar la paz y salir así sin la amenaza de muerte.

Al día siguiente, amaneciendo, se emprendió el ataque con mucha energía y valor, matando, hiriendo y haciendo prisioneros a muchos guerreros; quemando unas veinte casas y apoderándose de un puente en camino de llegar a la tierra firme; pero cargaron tal número de guerreros, que ya habían levantado unos parapetos y mamparos altos para poder atacar con las macanas a los de a caballo, que los castellanos se vieron obligados a volver a su cuartel. Esa noche los castellanos cayeron a la cuenta que día a día disminuían sus fuerzas mientras que las del enemigo aumentaban enormemente. Los soldados y los guerreros aliados estaban heridos casi todos, faltaba el alimento y empezaba a escasear la pólvora, los puentes alzados y el peligro creciente a cada momento porque Cuitláhuac no aceptaba la paz. Cortés hizo consejo y determinó con sus capitanes salir esa misma noche del día 30, como un acto desesperado y sin mayor reflexión ni tomando en cuenta los posibles riesgos. Para distraer a los mexicanos y hacer que descuidaran la vigilancia, Cortés mandó a un sacerdote muy principal de los que tenía presos, para volver a ofrecer la paz, que los dejaran salir de allí al término de ocho días y entregarían todo el tesoro.

Un soldado, que había estado en Roma y que se apellidaba Botello, pasaba por nigromante y astrólogo, les dijo a sus compañeros que en la lectura de las estrellas había visto que esa noche era la recomendada para salir de México y que si no se aprovechaba, ninguno saldría con vida, y dijo otras cosas que ayudaron a tomar la decisión de abandonar la ciudad.

Como existía el problema de los puentes que habían sido retirados o destruidos, Cortés ordenó hacer uno portátil, de madera fuerte que sería puesto sucesivamente en las cortaduras de la calzada. El puente sería llevado por cuatrocientos tlaxcaltecas e iría en el primer escalón. Resuelta la salida, se escogió la calzada de Tlacopan por ser la más corta. Sandoval, Diego de Ordaz, Francisco de Saucedo y Francisco de Lugo, con cien soldados, formarían la vanguardia, encargada de proteger a los que llevaban el puente; en el centro irían Hernán Cortés, Alonso de Avila, Cristóbal de Olid y Bernardino Vázquez de Tapia; llevarían el fardaje, la artillería, el tesoro, los prisioneros entre los que iban Chimalpopoca, Tlaltecatzin, Cacama y Cuicuitzcatzin; doña Luisa y su hermana, hijas de Moctezuma y el grueso de las fuerzas, tanto de españoles como de aliados.

La retaguardia estaría a las órdenes de Pedro de Alvarado y de Juan Velázquez de León. La formaban casi en su totalidad soldados de los que habían venido con Narváez. De todos los efectivos que iban a emprender la retirada, que serían unos siete mil hombres, sólo mil trescientos eran españoles.

Sacado el tesoro a una sala grande, Cortés ordenó que los oficiales reales Alonso de Ávila y Gonzalo Mejía recogieran lo perteneciente a Su Majestad, que cargaron en siete caballos lastimados. Unos ochenta tlaxcaltecas cargaron con unas barras de Cortés o del rey, y entonces, ante testigos, Cortés llamó a los soldados y les dijo que tomaran lo que quisieran. Los peones, principalmente de los que habían venido con Narváez, sin medir los riesgos de ir cargados, pues el peso les quitaba la libertad de movimientos, tomaron todas las piezas de oro que pudieron y se las pusieron entre las ropas y las armaduras. Bernal dice: *Yo no tuve codicia sino procurar de salvar la vida, mas no dejé de apañar unas cazuelas que allí estaban unos cuatro chalchiuis... que me fueron después buenas para curar mis heridas y comer el valor de ellas.*

A la media noche comenzó la retirada. El tiempo estaba húmedo, había niebla y lloviznaba. Los mexicanos, con la seguridad que los *teúles* saldrían algunos días después, descuidaban la vigilancia. La columna tomó en dirección de la calzada de Tlacopan y pasó en orden las cuatro cortaduras que había dentro de la ciudad, pero al llegar al foso en donde estaba el puente de Tecpanzinco, que luego se llamó el de la Mariscala, donde terminaba la isla, algún indígena se percató de la escapatoria y empezó a dar voces: *¡Salid presto con vuestras canoas, que se van los teúles; no dejemos que se vayan vivos!* En muy poco tiempo la laguna quedó llena de canoas con muchísimos guerreros que se lanzaron a quitar el puente. Dos caballos de carga resbalaron y cayeron al agua, lo que produjo el pánico y empezó la confusión. Los tlaxcaltecas colocaron el puente y se inició el paso, pero los soldados corriendo se apretujaron haciendo que el puente crujiese por la excesiva carga. Los guerreros indígenas atacaban con una gritería espantosa desde las canoas, las azoteas y la misma calzada. Habían pasado buena parte de los caballos cargados con el tesoro y un grupo de soldados de los de Sandoval. En el templo mayor sonaba el *huéhuetl* o tambor de guerra de lúgubre tam-tam, llamando al pueblo al combate. El terror hizo que todos los que huían quisiesen pasar a un tiempo y el puente, ya resentido, cedió y los infelices de la retaguardia quedaron cortados, a merced de los enfurecidos guerreros. Combatiendo casi a tientas porque la noche era oscura, lograron regresar al cuartel, sólo para retardar unas cuantas horas su muerte porque, después hechos prisioneros, fueron sacrificados a Uichilobos o a Tezcatlipoca. En ese primer puente fue muerto en el combate el esforzado Juan Velázquez de León. Alvarado después refirió la muerte de Velázquez de León con otros muchos que serían ochenta, en el primer puente que quedó henchido de caballos, soldados e indios muertos y muchas piezas del fardaje.

Hasta antes del primer puente hubo orden y *concierto pero luego... maldito aquél,* dice Bernal, *porque Cortés y los capitanes y soldados que pasaron primero... por salvar sus vidas y llegar a tierra firme... no aguardaron uno a otro.* El núcleo central quedó entre la gran zanja de Tecpanzinco y la de Tolteocali (por la iglesia de San Hipólito), empujado por los que venían atrás y querían pasar. Los que caían a la laguna estaban irremediablemente perdidos pues nadie los ayudaba, ya que todos trataban de salvar la vida a como diese lugar. Los guerreros atacaban por todos lados, lanzando flechas y piedras al bulto, pues no veían más que sombras y se guiaban por los gritos desesperados de los que huían y de éstos, los que primero llegaron a la segunda zanja, fueron muertos por los mexicanos que allí se encontraban, sirviendo sus cadáveres de relleno; y sobre ese terrible piso de seres humanos sin vida, caballos y fardaje abandonado, pasó el resto de la columna.

La siguiente cortadura o zanjón era la que estaba en donde hoy es la iniciación de la calle *Puente de Alvarado* (Toltacaloapan). En ese lugar hubo, como en las dos anteriores, muchos muertos, cuyos cadáveres sirvieron de piso informe para que pasaran los que huían, pero también quedaron muchos prisioneros que fueron a servir de víctimas en la piedra de los sacrificios. A Alvarado le mataron la yegua que montaba y lo hirieron. Con trabajo y ayudado por cuatro soldados y ocho guerreros tlaxcaltecas, todos tan heridos como él, pudo pasar la cortadura por una viga que alguien había puesto y que a muchos sirvió de paso. Ya en el otro lado un soldado lo subió en ancas de su caballo. La leyenda creada después de la conquista, asegura que Alvarado, apoyándose en su lanza, saltó el foso como si fuera un ejercicio atlético, pero Bernal dice que no hubo tal salto y que su paso lo hizo por la viga.

Cortés había logrado pasar los puentes con los demás capitanes, que le invitaron a regresar para tratar de ayudar a los rezagados: *Señor capitán*, le dijeron, *aseguran estos soldados que vamos huyendo y los hemos dejado morir en los puentes y calzadas. Tornémoslos a amparar, porque vienen algunos muy heridos y dicen que los demás quedaron muertos.*

Cortés regresó y al poco andar se encontró con Pedro de Alvarado y sus pocos compañeros sobrevivientes de la retaguardia. Entonces *se le saltaron las lágrimas de los ojos.* Ese fue el origen de la leyenda que asegura que Cortés lloró en el ahuehuete de Popotla.

Pero no había tiempo que perder. Llegando a Tacuba, los fugitivos no pudieron detenerse mucho tiempo porque habían llegado guerreros de México y de Azcapotzalco, atacando inmediatamente a los castellanos y causándoles nuevas bajas. Con cinco tlaxcaltecas de buenos guías, se pusieron en camino hacia Tlaxcala siguiendo veredas separadas de las rutas conocidas hasta llegar a un caserío en un cerro, en la cima del cual había un *cú*, en donde después se construyó la capilla de los Remedios, y allí resolvieron reposar un poco, curar los heridos y hacer lumbre, sin tener nada que comer, mientras que los guerreros mexicanos seguían amenazantes y lanzando piedras y flechas sobre los extenuados fugitivos. Allí supieron que habían quedado muertos en las batallas Juan Ponce de León, Francisco de Saucedo, Francisco de Morla, Lares el muy buen jinete. Faltaban muchos soldados, principalmente de los de Narváez, y entre ellos el astrólogo Botello. También murieron en los puentes los hijos de Moctezuma, Cacama y otros prisioneros principales. Se perdió toda la artillería y mucho armamento así como las cargas de pólvora. La preocupación surgió entonces. ¿Cómo los recibirían en Tlaxcala?, pregunta que los obsesionó todo el camino... De la cima del cerro resolvieron salir a media noche, aunque siempre hostilizados por los mexicanos. Los menos heridos hacían frente a los enemigos. Los tlaxcaltecas y los españoles heridos iban en el centro, los demás a los lados de la pequeña columna y rechazando constantemente a los de Culúa. Doña Marina y doña Luisa, la hija de Xicotencatl, lograron salvarse gracias a la ayuda de unos tlaxcaltecas que las sacaron de los puentes. Su presencia causó gran alegría en el campamento. Orteguilla, el joven paje de Moctezuma, fue muerto durante los combates y Jerónimo de Aguilar también logró salvarse de la *Noche de Espanto*, como le llama Bernal Díaz a la Noche Triste.

Los restos del ejército de Cortés, seguido por los mexicanos que los atacaban incesantemente, se pusieron en marcha primero al norte y luego voltearon al oriente, guiados por los tlaxcaltecas, llegando a un pueblo grande llamado Teocalhuican en donde volvieron a ser atacados con gran furia. El enemigo les mató el caballo de Cristóbal de Gamboa, aquel soldado que había montado a Alvarado en las ancas para sacarlo de la calzada hasta Popotla. Rechazados los atacantes, los castellanos y sus aliados pudieron descansar y comieron la carne del caballo muerto.

Al día siguiente, 7 de julio, se pusieron en marcha, y al poco andar, los corredores del campo que iban explorando, llegaron apresurados a avisar que en un gran llano estaban los guerreros mexicanos por miles, esperándolos. Los españoles y sus amigos, todos mal heridos, fatigados y hambrientos, estaban resueltos a vender caras sus vidas. Cortés aconsejó atacar a los capitanes y principales, muy fáciles de identificar por sus ricos atuendos y por sus banderas y distintivos. Cristóbal de Olid, Sandoval y un Juan de Salamanca se fijaron en el que era el capitán general de los mexicanos, con su estandarte, grandes penachos de oro y plumas; y gritó Cortés: *¡Ea, señores, rompamos por ellos y no quede ninguno sin heridas!*, y arremetiendo contra los escuadrones bien cerrados del enemigo, Cortés le dio con el encuentro de su caballo al capitán mexicano, derribándolo y haciendo que abatiese el guión. Entonces Juan de Salamanca lo mató de una lanzada, apoderándose de la insignia de mando, que puso en manos de Cortés. Cuando en aquel *mar de guerreros* vieron que el que ondeaba su estandarte era el *Cihualcóatl* de los *teúles*, cesaron de pelear y se fueron retirando. Posteriormente el emperador Carlos le dio como armas de nobleza a Juan de Salamanca el estandarte que había arrebatado al capitán azteca en Otumba, que así se llamaban las llanadas en donde se libró aquella singular batalla de la que los castellanos, maravillados, salieron con bien porque... *Dios Nuestro Señor fue servido que muerto aquel capitán* *que traía la bandera... aflojó su batallar.* Finalmente, el domingo 8 de julio, entraron en territorio de Tlaxcala, siempre con la incertidumbre de ¿cómo los irían a recibir si iban derrotados y maltrechos? Así llegaron al primer pueblo, llamado Hueyotlipan, en donde los recibieron y les dieron de comer, pero a cambio de *chalchiuits* y de tejuelos de oro. Allí estuvieron un día, reposando, curando las heridas y atendiendo a los caballos. Llegaron a ese campamento improvisado los caciques tlaxcaltecas y los vecinos principales de Huejotzingo, que saludaron a Cortés y a sus capitanes y soldados con mucho afecto, dándoles pesares por los *hermanos* muertos y por los muchos guerreros de Tlaxcala que también habían perecido. Dijeron que en muchas ocasiones le advirtieron a Malinche no se fiase de los mexicanos porque algún día le iban a dar la guerra. Que contaran que estaban en su casa para que descansasen y que si antes ya los tenían por esforzados guerreros, ahora los consideraban en un nivel mucho más alto. Que cuando supieron que el enemigo los esperaba en Otumba, quisieron ir con copia de treinta mil guerreros para ayudarlos, pero que no los pudieron reunir para ir oportunamente. Cortés y todos los capitanes y soldados los abrazaron y les dieron las gracias, haciéndoles regalos de piezas de oro y de *chalchiuis*. Los tlaxcaltecas mostraron mucha alegría de ver sanas y salvas a doña Luisa y a doña Marina, pero lloraron de tristeza por las princesas indias muertas y más Mexicatzin por su hija doña Elvira, que se la había dado a Juan Velázquez de León.

Todos los castellanos se aposentaron en la cabecera de Tlaxcala, en casas de sus amigos y aliados. Curaron y remediaron sus dolencias y todavía murieron

*Xicoténcatl trata de sublevar
a los tlaxcaltecas en
contra de Hernán Cortés.*

cuatro soldados de las tan graves heridas que tenían.

A los pocos días de estar en Tlaxcala, Cortés preguntó por el oro que había dejado allí, que era la parte correspondiente a los vecinos de la Villa Rica y dijeron Mexicatzin y Xicotencatl el viejo, que vino un soldado llamado Juan de Alcántara y otros dos con cartas de Cortés y que se les entregó el dicho oro por los días en que ellos estaban combatiendo en México, pero después supieron que a los tres portadores del oro los había muerto en los caminos algunos guerreros mexicanos. Cortés tuvo gran pesar por ello, pero estando con pendiente por lo que hubiera ocurrido en la Villa Rica, les escribió una carta dándoles relación de los graves acontecimientos de México, pero sin decirles quiénes habían muerto, pidiéndoles que les mandaran a los soldados que se encontrasen buenos y sanos, que cuidasen bien a los presos Narváez y Salvatierra; y al teniente de almirante Caballero, que impidiese saliera algún navío a Cuba. Los correos en posta fueron y regresaron en tres días, trayendo cartas del dicho Caballero, en las que decía que estaba sin novedad. Que ya el cacique gordo les había dicho lo que les aconteció en México, y que les remitía siete marineros, que trajo un tal Lencero, todos dolientes y flacos. Y se burlaban del valioso socorro de Lencero: siete marineros, cinco con bubas y dos barrigones.

Pero en Tlaxcala, Xicotencatl el mozo promovía el levantamiento contra los castellanos y buscaba la amistad con los de México. El viejo Xicotencatl lo supo y en particular lo reprendió con energía; pero poco después lo supo Chichimecatl, que era enemigo jurado de Xicotencatl el mozo, y de acuerdo con los otros caciques principales, mandaron prender al rebelde, aclararon las cosas y lo amenazaron porque él persistió en su idea de buscar la alianza con los mexicanos; lo tironearon de la ropa, lo expulsaron con violencia y si no se tratara de un hijo del respetable Xicotencatl, allí lo hubieran matado.

Cortés recibía noticias de todo lo que ocurría en México y en los alrededores y a los veintidós días resolvió ir a un pueblo llamado Quecholac de la provincia de Tepeaca, que estaba cerca, para castigarlo por haber dado muerte a unos españoles; pero los antiguos soldados de Narváez dijeron que no irían a ningún lado porque sólo se querían regresar a Cuba y maldecían a Cortés y a Andrés de Duero, que los habían engañado. Y ahora decían que eran muy pocos para andar con guerras; y ante escribano requirieron a Cortés para que se quedase tranquilo en la Villa Rica, ya sin mover guerras hasta tener más soldados y armamento. Cortés trató de convencerlos con muchas palabras, pero se resistieron hasta que finalmente y muy contra su voluntad, los obligó a obedecer, ofreciéndoles que tan pronto se apoderasen de México les daría permiso para irse a Cuba. Los soldados fieles le dijeron a Cortés que no diese licencia a ninguno, sino hacerlos ver que todos estaban para servir a Dios y a Su Majestad, que era lo debido.

Ya arreglado el asunto de los soldados de Narváez, que a pesar de lo que les dijo Cortés seguían murmurando y diciendo cosas, el capitán pidió a los caciques de Tlaxcala cinco mil hombres de guerra para castigar a los pueblos donde habían muerto españoles, que eran Tepeaca, Quecholac y Tecamachalco. Los tlaxcaltecas con muy buena voluntad ayudaron para ir contra esos pueblos, porque constantemente, apoyados por los de México, les robaban sembradíos y estancias.

Los mexicanos ya entendían que los *teúles* marcharían de un día a otro contra los pueblos sus aliados cercanos a Tlaxcala, por lo que para ayudarlos mandaron muchos escuadrones como guarniciones y la más numerosa fue la que enviaron a Tepeaca.

Puestos en camino los castellanos con dos mil guerreros tlaxcaltecas, mandó Cortés a seis indios de Tepeaca que habían sido hechos prisioneros, para que fueran a su pueblo a preguntar a los caciques por qué habían matado a unos españoles y por qué tenían escuadrones mexicanos como guarniciones, pidiéndoles que vinieran de paz. Los de Tepeaca contestaron con energía y amenazas, diciéndoles que no se atrevieran a pasar adelante porque los matarían. Los castellanos con sus aliados, muy preparados siguieron hacia el pueblo, cuando salieron los de Culúa a combatirlos, pero una evolución de los de a caballo en una gran llanura los sorprendió por un costado, mientras que tlaxcaltecas y peones de espada y rodela los encajonaban por el frente obligándolos a retirarse. Cuando los de Tepeaca vieron desbaratados los escuadrones mexicanos, apartadamente ofrecieron las paces a Cortés y se dieron como vasallos de Su Majestad. Cortés fundó en Tepeaca la villa española de Segura de la Frontera porque estaba en el camino a la Villa Rica y era una buena comarca de pueblos sujetos a México; había mucho maíz y estaba donde era la división entre Tlaxcala y México. Se nombraron autoridades y se recogieron muchos prisioneros que se marcaron como esclavos. La región quedó escarmentada y pacificada en todos sus pueblos.

Para este entonces había estallado en México una epidemia de viruela que resultó mortal para los indígenas por serles desconocida. Cobró muchas víctimas y entre ellas al propio gran señor Cuitláhuac. En su lugar alzaron como nuevo jefe militar a un sobrino de Moctezuma llamado Cuauhtémoc... *Mancebo hasta de veinticinco años, bien gantilhombre y muy esforzado, y se hizo temer de tal manera, que todos los suyos temblaban de él...* Cuauhtémoc invitó a todos los pueblos confederados a estar muy alertas, con guerreros sobre las armas; y a los caciques les daba oro y a otros les perdonaba los tributos para que esos gastos los aplicasen a la guerra contra los *teúles* y peleasen con mucho esfuerzo, y no les fuera a ocurrir como a los de Tepeaca, que fueron convertidos en esclavos. Cuauhtémoc los ayudaba con guarniciones de guerreros y principalmente a los pueblos de Cuauhquechollan (hoy Huaquechula, Pue.) e Itzocan (Izúcar, Pue.).

En esos días llegaron a Tlaxcala unas cartas que mandaba el teniente de almirante Caballero, de la Villa Rica, en las que avisaba haber llegado un navío con el capitán Pedro Barba, muy amigo de Cortés, y traía trece soldados, un caballo y una yegua y cartas de Diego Velázquez para Narváez, creyéndolo dueño de la situación en Nueva España, en las que le decía mandase preso a Cortés a Cuba, para luego mandarlo a Castilla ante el obispo de Burgos, Presidente del Real Consejo de Indias, para enjuiciarlo.

Llegado Barba al puerto, fue visitado por el teniente de almirante Caballero en una chalupa grande con muchos marineros bien armados y encubiertos. Caballero lo invitó a desembarcar haciéndolo creer que las cosas iban muy bien para Narváez y que Cortés andaba huyendo por los montes. Cuando confiado, Barba desembarcó, fue hecho preso a nombre de Cortés y remitido a Tepeaca, en donde fue recibido de muy buena manera por el capitán general, que lo halagó y lo nombró jefe de los ballesteros, arma en la que era un experto.

Barba trajo a Cortés la noticia que no tardaría en llegar al puerto otro navío enviado por Velázquez, como así fue, que traía por capitán a Rodrigo Morejón de Lobera, aprehendido igual que lo había sido Barba. Aportó ocho soldados, seis ballestas, mucho hilo para cuerdas de ballesta y una yegua. Todos se dieron como servidores del rey y en su real nombre, de Hernán Cortés. Dice Bernal... *Y dejemos aquí que nos íbamos fortaleciendo con soldados y ballestas y dos o tres caballos, para volver a decir lo que en Huaquechula hacían los mexicanos...* Que unos principales de esa población vinieron secretamente a Tepeaca o Segura de la Frontera, a quejarse que los guerreros de Cuauhtémoc hacían robos, violencias, abusos y destrucciones sin cuento y que como sabían que Cholula y otros pueblos, estando por Cortés se encontraban en paz y tranquilos, pedían al capitán que mandase unos *teúles* para echar de sus tierras a los mexicanos. Cortés ordenó a Cristóbal de Olid que saliera con cuarenta de a caballo, ballesteros, peones y guerreros tlaxcaltecas. Estos últimos se ofrecían muy voluntarios y en gran número porque habían visto cómo los que fueron a lo de Cuernavaca y Tepeaca, regresaron cargados de botín. Ya puestos en camino los soldados, que eran de los de Narváez, tuvieron ocasión de platicar con unos comerciantes indígenas y éstos les dijeron que en Huaquechula había miles de guerreros mexicanos. Con esta información, espantados fueron a hablar con Olid y le hicieron saber que ellos no seguían adelante por la seguridad que iba a ser una guerra tan desafortunada como la de la escapada de México; y que si él quería ir, que fuera, en buena hora. Olid regresó a Cholula y de allí escribió a Cortés con las noticias. El capitán se disgustó mucho y le contestó con una fuerte amonestación por lo que Olid, más enojado, les dijo a los soldados que lo siguieran, y quien quisiese regresar al real, lo hiciera para que fuese castigado allí por cobarde. Ante su enojo y amenazas, los soldados fueron con él, y con la ayuda de los mismos caciques que se habían antes quejado con Cortés, derrotaron a los escuadrones de Culúa, que, sin embargo, les mataron dos caballos e hirieron a muchos soldados, pero dejaron en el campo numerosos muertos, heridos y prisioneros. Derrotados allí los Culúas, se retiraron a Izúcar, en donde había más escuadrones de ellos, pero también, con los informes de los caciques del pueblo que mucho se quejaban de sus abusos y robos, se supo cómo se hallaban y su colocación para dar la guerra por lo que, a pesar de sus esfuerzos, fueron derrotados. Olid fue herido y le mataron el caballo. Los de Culúa se retiraron a México y todos los pueblos comarcanos se dieron de paz, reconociéndose como vasallos de Su Majestad el emperador.

Quedando ya en orden la región que hemos citado y estando Cortés en Segura de la Frontera, llegaron unas cartas de la Villa Rica en las que se le avisaba había llegado a ese puerto un navío enviado por Francisco de Garay, gobernador de Jamaica, para poblar

Pánuco, y que venía por su capitán uno que se decía fulano Camargo, con sesenta soldados, todos dolientes, amarillos e hinchados de las barrigas. Pertenecieron a una expedición a cargo de un capitán Álvarez Pinelo, muerto por los indios junto con otros soldados. De dicha fracasada expedición escapó Camargo con su navío y fue a dar a la Villa Rica para socorrerse. Dice Bernal que el tal Camargo tenía órdenes religiosas de fraile dominico, pero no lo asegura; el caso fue que con sus soldados se puso en camino, poco a poco, a la villa de la Frontera, porque no podían andar de flacos, y estaban tan amarillos e hinchados que no estaban para pelear y más para que los cuidaran. Puede ser que Camargo haya muerto por su mismo estado de miseria, porque Bernal no lo volvió a ver; y murieron por la misma razón muchos de ellos. Para divertirse con los supervivientes les llamaban los *panciverdes*. Al poco tiempo llegó otro barco a la Villa Rica, procedente también de Pánuco, de los que mandaba el mismo Francisco de Garay en ayuda de Álvarez Pinelo. Su capitán era un aragonés llamado Miguel Díaz de Auz, que al no encontrar más que hostilidad de los indígenas, levantó el ancla y llegó a la Villa Rica con más de cincuenta soldados y siete caballos, siendo el mayor socorro que se recibió en todo ese tiempo en que era tan necesario. Este Miguel Díaz de Auz, un valeroso soldado, después se hizo famoso por los pleitos que tuvo en la Corte con un tal Andrés de Barrios, cuñado de Cortés, al que llamaban *El Danzador*, porque bailando y musicando en Sevilla obtuvo concesiones que los verdaderos conquistadores nunca tuvieron.

Poco después llegó un tercer barco, éste a las órdenes de un capitán al que llamaban Ramírez el Viejo, porque ya era anciano, y trajo unos cuarenta soldados y diez caballos y yeguas y ballestas. Ya en la villa de la Frontera, los soldados graciosos, a los compañeros de Díaz de Auz les llamaban los *Lomos Recios*, porque estaban gordos; y a los del viejo Ramírez, que llevaban unos petos gruesos de. algodón, los *Albardillas*. Cortés los recibió a todos con muchos halagos, ofrecimientos y honras.

Por esos días Cortés tuvo noticia que en unos pueblos llamados Jalancingo y Zautla, habían muerto a muchos soldados de los de Narváez y a Juan de Alcántara, que había ido a recoger la parte de los vecinos de la Villa Rica. Envió a aquella entrada al capitán Gonzalo de Sandoval, que era alguacil mayor, y llevó con él doscientos soldados de espada y rodela, veinte de a caballo, doce ballesteros y muchos guerreros tlaxcaltecas porque se sabía que en dichos pueblos y otros vecinos tenían guarniciones los de Culúa. Después de una campaña rápida, Sandoval logró derrotar a los escuadrones de Culúa y a sus confederados, que se fueron huyendo. Hizo muchos prisioneros y en los *cúes* encontró los vestidos, armas, frenos y dos sillas de montar y otras cosas, que se los tenían ofrecido a sus ídolos.

Sandoval estuvo tres días en esos pueblos y vinieron a él los caciques a demandar perdón y el capitán les dijo que se los daría si devolvieran el oro que le habían tomado a los castellanos; pero declararon que se los habían llevado los mexicanos. Entonces los mandó con Cortés a pedir el perdón. Los caciques fueron con otros principales de los pueblos circunvecinos. Pidieron las paces y se reconocieron como vasallos de Su Majestad, aportando muchos alimentos. Todos los pueblos reconocían la suprema autoridad de Cortés al grado que, como la peste de viruela había matado a muchos caciques, al capitán le pedían que designara los sustitutos, que iba nombrando de acuerdo con los derechos que les correspondían.

Sandoval sólo sufrió una herida de un flechazo y regresó a Segura de la Frontera con muchos prisioneros acollarados, que después se herraron como esclavos, poniéndoles la letra "G" de guerra. De dichos esclavos se sacó el Quinto Real, pero otra vez el capitán general procedió con ventaja, quedándose con las mejores piezas. Todos los soldados se quejaban de este abuso y en particular uno que se llamaba Juan Bono de Quexo, que amenazó en ponerlo al conocimiento de Su Majestad y del Real Consejo de Indias. Sabidas estas murmuraciones y otras muchas de los soldados, con palabras suaves el capitán general dijo *juraba por su conciencia*, que era por lo que tenía costumbre jurar, que no se volverían a repartir los esclavos por pieza sino por almoneda, y el dinero se repartiría proporcionalmente. Como supo también que muchos soldados traían piezas que tenían escondidas, se las mandó recoger con el pretexto de separar el Quinto Real, pero la verdad que lo hacía para quedarse con todo.

Cuando los soldados de Narváez vieron que los pueblos cercanos estaban de paz y que habían llegado socorros con los soldados enviados por Garay, suplicaron a Cortés les diese permiso para regresarse a Cuba, como se los había prometido. Y quien encabezaba estas peticiones era el antiguo socio de Cortés,

Andrés de Duero. Cortés accedió y les dio un barco con provisión para el viaje a Cuba, así como les dio ciertas piezas de oro y el encargo de llevar unas cartas a su mujer, la Marcaida, y unas barras de oro. Los soldados fieles a Cortés, le dijeron que no debía haberles dado permiso porque se iban a necesitar para las guerras de recuperar México, pero el capitán contestó que eso era para lo que menos servían y que más valía estar solo que mal acompañado.

Por esos días, Cortés mandó a Castilla a Diego de Ordaz y a Alonso de Mendoza con algunos encargos, de los que Bernal Díaz y los otros capitanes y soldados no supieron de qué trataban ni qué negocios iban a arreglar. También mandó al contador Alonso de Ávila y a Francisco Álvarez Chico a Santo Domingo para explicarles a los padres jerónimos, que estaban de gobernadores, los sucesos de la derrota de Narváez y lo acontecido en México, para que dieran buena relación al Emperador y pusiesen en su memoria los grandes servicios que siempre se le hacían, para ser favorecidos contra la mala voluntad del Obispo de Burgos.

También mandó Cortés otro barco a Jamaica a comprar caballos, llevando a un capitán apellidado Solís. Y aquí Bernal hace una serie de suposiciones pensando de dónde podría sacar el oro Cortés para darles dinero a sus embajadores y para comprar los caballos, siendo que había declarado haberse perdido todo el oro en los puentes de México y dice... *aún tuvimos sospecha que los cuarenta mil pesos de las partes de los de la Villa Rica, que también los había tomado y echado fama que lo habían robado...*

Y ya estando de paz todos los pueblos, Cortés dejó en Segura de la Frontera a un capitán llamado Francisco de Orozco con veinte soldados heridos o dolientes, y con todos los demás se fue a Tlaxcala de donde dio la orden que se cortase madera para hacer trece bergantines y con ellos poder atacar México. El encargado de este trabajo fue el maestro Martín López *que ciertamente, además de ser un buen soldado en todas las guerras, sirvió muy bien a Su Majestad en esto de los bergantines y trabajó en ellos como fuerte varón.*

Cuando los españoles llegaron de regreso a Tlaxcala, había muerto de viruela el cacique Mexicatzin, gran amigo de Cortés y leal vasallo de Su Majestad. Los capitanes y soldados lo sintieron mucho y llevaron luto. Cortés nombró cacique de Tlaxcala a su hijo y todos los caciques de los pueblos se ofrecieron a servir a Cortés para el corte de la madera de los bergantines y en lo necesario para la guerra contra los mexicanos. Cortés abrazó a los caciques y les dio las gracias, especialmente a Xicontecatl el Viejo, al que invitó para que se hiciera cristiano. Xicontencatl accedió de buena voluntad. Se hizo una fiesta lo mejor que se pudo y el padre Olmedo bautizó al viejo cacique con el nombre de don Lorenzo de Vargas.

El maestro Martín López se dio tanta prisa en cortar la madera con la ayuda de carpinteros indígenas, que en pocos días ya estaba lista para las trabazones, quillas y cuadernas. Y también le ayudaron Andrés Núñez y Ramírez el Viejo, que estaba cojo de una herida. Luego mandaron a la Villa Rica por el hierro, la clavazón, anclas, velas, jarcias y otro recado de los navíos que se dieron al través. Del puerto llegó a Tlaxcala un muy buen herrero al que llamaban Hernando de Aguilar *Majahierro*, encargado de acondicionar todo el herraje de los navíos a los bergantines. Todo el material y equipo fue traído de la Villa Rica por mil indios de los pueblos que eran amigos. Y para buscar la pez de calafatear, cuatro marineros que estaban en el ejército, dieron con unos pinares de los que la sacaron, y de muy buena calidad. Después de algunas discusiones, Cortés resolvió que fuera en Texcoco donde se botaran los bergantines, pues tenía canales que se podían ensanchar y estaba cerca del gran lago.

Llegaron en esos días cartas de la Villa Rica en las que avisaba el teniente de almirante Caballero, haber llegado un navío de buen porte procedente de Castilla y de las Canarias, cargado de muchas mercaderías, de armas y de pólvora. Cortés ordenó que se le comprara todo el cargamento al patrón del buque un tal Juan de Burgos, que junto con su maestre Francisco de Medel y siete hombres se unieron voluntariamente a las fuerzas de Cortés. En ese barco vino un vizcaíno de apellido Monjaraz, que presumía de ser muy valiente, sin haber tomado parte en ninguna guerra. Y un día, durante el sitio de México, de curioso subió a un *cú* y fue muerto por los indios. Decían los que lo conocieron que fue un castigo de Dios porque él había asesinado a su mujer, que era buena y hermosa, saliendo sin culpa porque compró a unos testigos falsos.

Ya con fuerzas que consideró suficientes, Cortés resolvió iniciar las operaciones para acercarse a la gran ciudad de México y al efecto habló con los caciques de Tlaxcala pidiéndoles que le diesen diez mil guerreros para ir a Texcoco, que era una gran ciudad de esta tierra, a la que Cortés empezaba a llamar Nueva España porque: ...*Por lo que he visto y comprendido* —escribió Cortés al Emperador— *a cerca de la similitud que toda esta tierra tiene a España, así en la fertilidad como en la grandeza y fríos que en ella hacen, y en otras muchas cosas que la equiparen a ella, me pareció que el más conveniente nombre para dicha tierra era llamarse la Nueva España del mar océano, y así, en nombre de Vuestra Majestad, se le puso aqueste nombre. Humildemente suplico a Vuestra Alteza lo tenga por bien y mande que se nombre así.*

Y después de esta disgreción, sigamos de nuevo a Bernal cuando dice que los tlaxcaltecas ofrecieron más de los diez mil hombres que pedía Cortés y el mando de ellos lo traería el cacique Chichimecatl. Ya reunidas las fuerzas, Cortés hizo un recuento de sus fuerzas y después de pasada la Pascua de Navidad de mil quinientos veinte, se pusieron en marcha hacia Texcoco con todo cuidado y explorando paso a paso la región porque pronto entraron en territorio de mexicanos, encontrando en el camino muchos obstáculos, que eran removidos por los amigos tlaxcaltecas. Llegaron a un lugar alto de donde se veía la gran ciudad de México, que les trajo a la memoria la derrota de la Noche Triste. En el camino se prendieron cinco mexicanos que informaron no serían atacados pronto porque había muchas desavenencias entre los mexicanos y los de Texcoco, que además estaban dolidos por la peste de la viruela y porque sabían iba con los *teúles* todo el poder de Tlaxcala. Ya estando cerca de Texcoco, los corredores de campo avisaron que se aproximaban hasta diez indios que traían unas veletas de oro. Cuando llegaron éstos frente a Cortés hicieron las demostraciones de acato acostumbradas y le dijeron que Coanacoch, señor de Texcoco, los mandaba para rogarle que recibiera su amistad y lo esperaba de paz en la ciudad; y en señal de ello le mandaba una bandera de oro, pidiéndole ordenase a los tlaxcaltecas y a sus *teúles* no hicieran daños en sus tierras; que los escuadrones de guerra que se encontraban en los pasos malos no eran de Texcoco sino mexicanos que había mandado Cuauhtémoc. Cortés los recibió muy bien pero sospechó que aquellas paces eran fingidas y les dijo que sabía que en esa ciudad habían matado a unos cuarenta españoles y sobre doscientos aliados y les habían tomado muchas cargas de oro y otros despojos, y les rogaba los devolvieran; pero contestaron que quienes habían mandado matar a los *teúles* y a sus aliados fue Cuitláhuac, recién alzado señor de México, y los habían sacrificado a su dios Uichilobos. Cortés despachó a los embajadores y sólo quedó uno en su compañía. Se continuó la marcha a Texcoco, entrando a dicha ciudad sin la menor resistencia, pero notando que sus calles estaban casi solas. Se aposentaron en unos grandes patios y Cortés dio la orden que nadie se separase del campamento y estuviesen muy apercibidos. Desde lo alto de un *cú*, Cortés y sus capitanes vieron el lago lleno de canoas con gente que huía con sus pertenencias y entonces se mandó prender al señor de Texcoco, pero éste ya había escapado hacia México. Unos principales texcocanos dijeron al capitán general que Coanacoch señoreaba el reino después que mandó matar a su hermano mayor, al que correspondía el señorío, y que el que tenía ese derecho era un mancebo llamado Netzahualpilli, que fue reconocido sin más dilación por señor natural y con gran fiesta y regocijo de los vecinos que se apresuraron a regresar. Cuando se hizo cristiano se llamó Hernando Cortés, porque su padrino fue el capitán general. Cortés le pidió a don Hernando muchos trabajadores indígenas que se ocupasen de cavar en una gran acequia para sacar los bergantines a la laguna. Diariamente cavaban en la acequia unos siete u ocho mil hombres, hasta que la dejaron muy bien hecha para que pudieran navegar navíos de buen porte.

Muchos pueblos de las cercanías de Texcoco fueron a darse de paz y otros más, Chalco, Tlalmanalco, Amecameca y Chimalhuacán, deseaban también reconocerse como amigos de los castellanos pero se lo estorbaban los de Iztapalapa, de donde había sido señor Cuitláhuac, antes de haber sido reconocido como gran señor de México. Cortés dispuso entonces hacer una entrada a Iztapalapa llevando a Andrés de Tapia, a Cristóbal de Olid, trece de a caballo y muchos ballesteros, escopeteros y otros soldados, guerreros tlaxcaltecas y de Texcoco, estos últimos enemigos de Cuauhtémoc, que ya había sido reconocido por señor de México a la muerte de Cuitláhuac.

Iztapalapa estaba en gran parte asentada en el lago, y protegida por unas compuertas y un bordo que retenían el agua. Cuando Cortés con los suyos y sus aliados llegó frente a esa ciudad, encontró a unos escuadrones de mexicanos que le dieron guerra pero de repente hicieron que huían y se metieron en sus canoas para esconderse en las casas que había en el agua y en unos carrizales, abriendo las compuertas de manera que se produjo una inundación tan rápida que apenas los castellanos y sus aliados tuvieron tiempo para salir a la tierra firme en donde ya los esperaban nuevos escuadrones enemigos que los atacaron con tanta furia que les mataron dos soldados, un caballo e hirieron a muchos, tanto castellanos como tlaxcaltecas. Con mucho trabajo, los de Cortés lograron romper el combate y regresaron burlados y apresuradamente a Texcoco.

También habían llegado a Texcoco, en donde estableció su campo Cortés, los caciques de Otumba, donde fue la batalla cuando los castellanos salieron huyendo de México, para pedir paces y perdón por haber prendido y robado ciertos *teúles*, que luego mandaron a México para que fueran sacrificados, siempre culpando a los mexicanos de esas agresiones pero en verdad, temerosos de ser castigados; y así también llegaron los de Mixquic, pueblo del interior de la laguna, a los que unos soldados que habían estado en Italia, le llamaron *Venecia Pequeña* o Venezuela por parecerse, en lo de estar en el agua, a aquella ciudad del Adriático. Los caciques de ese y otros pueblos vinieron con los castellanos a demandar su ayuda contra los de Culúa. Y principalmente los de Chalco, y Tlalmanalco, que estaban por irse a los montes para no seguir soportando las injurias de los mexicanos, que abusaban de las mujeres frente a sus propios familiares y otras muchas violencias. Cortés mandó en ayuda de esos pueblos a Gonzalo de Sandoval con algunos de a caballo, ballesteros, escopeteros y buen golpe de guerreros aliados, que fácilmente derrotaron a los escuadrones enviados por Cuauhtémoc. Los tlaxcaltecas querían regresar a sus pueblos para llevarse el botín que habían cogido y por eso Sandoval sólo permaneció tres días en Chalco, regresando a Texcoco con muchas cargas de maíz que había levantado. Llevó con él a dos hijos del señor de Chalco, muerto unos días antes de la peste de la viruela, para que Cortés designase quién había de sucederle, recayendo dicho cargo al hermano mayor y los de Tlalmanalco y Chimalhuacán, al menor. En la entrada de Chalco, los castellanos hicieron ocho prisioneros, que eran principales mexicanos y que Cortés despachó a México como mensajeros para que dijeran a Cuauhtémoc que viniese de paz y no ser la causa de su perdición y de la ruina de la gran ciudad, que se le perdonaban todas las muertes que había hecho y que mirara que todos los pueblos se daban de paz y estaban del lado de los castellanos. Le dieron otras muchas razones pero, recibidos los mensajeros y escuchados, Cuauhtémoc no quiso mandar respuesta y por el contrario, dio la orden que todo *teúl* que fuera capturado, fuese enviado a México para ser sacrificado; que estuvieran los pueblos prestos para tomar las armas y se les daba muchas promesas para tenerlos de su lado.

Por su parte, Cortés viendo terminado el canal en Texcoco que comunicaba ampliamente con la laguna, mandó a Gonzalo de Sandoval a Tlaxcala a traer la tablazón y los aparejos de los bergantines, llevando con él doscientos soldados, escopeteros, ballesteros, quince de a caballo, buena copia de tlaxcaltecas y veinte principales de Texcoco, junto con los jóvenes caciques de Chalco, para que se hicieran amigos de los tlaxcaltecas, porque los de Chalco habían sido confederados de los mexicanos. Cortés en Texcoco logró que fueran en delante muy buenos amigos tlaxcaltecas y los de Chalco.

García Holguín desde su nave captura al emperador Cuauhtémoc.

Sandoval llevaba órdenes para castigar a un pueblo que estaba cerca del camino y al que los españoles le habían llamado el *Pueblo Morisco* (Calpulalpan). El castigo era porque allí habían matado a cuarenta españoles cuando iban en socorro de Alvarado, sitiado en México. Los de ese pueblo, cuando supieron que iba Sandoval sobre ellos, huyeron a refugiarse en los montes, pero Sandoval los siguió, les mató a tres o cuatro, hizo prisioneros a muchas mujeres y muchachos así como a cuatro principales que le dijeron cómo los de Texcoco y los de Culúa prendieron en una celada a los *teúles,* que los repartieron para ser sacrificados en México y en Texcoco; y los de esta última ciudad lo hicieron como venganza por la prisión de Cacama, su señor, que murió en los puentes de México. Encontraron en el pueblo muchos restos de los españoles sacrificados, restos que estaban ofrecidos a sus ídolos. En una pared estaba escrito con carbón: *Aquí estuvo preso el sin ventura Juan de Yuste, con otros muchos que traía en mi compañía.* Juan de Yuste era un hidalgo de a caballo, persona de calidad de los que vinieron con Narváez. Los españoles tuvieron gran pena por la muerte de sus compañeros pero ¿qué hacer? Sandoval, que era de buen corazón, perdonó al pueblo, puso en libertad a las mujeres y con ellas mandó llamar a los del pueblo, que pronto vinieron a pedir perdón y a darse como vasallos de Su Majestad.

Sandoval continuó el camino a Tlaxcala y encontró a un verdadero ejército de *tamemes* que traían cargando toda la tablazón de los bergantines; serían unos ocho mil hombres, dos mil cargando el bastimento y otros tantos guerreros como resguardo. El mando de los tlaxcaltecas lo traía Chichimecatl con otros caciques y a todos los traía a su cargo Martín López. Sandoval tuvo gran gusto de haberlos encontrado porque así no tendría que ir hasta Tlaxcala a organizar las cargas, las escoltas y la marcha. Continuaron el camino los cargadores con sus resguardos, seguidos por los de Sandoval. En dos días llegaron a territorio de mexicanos, gente que desde lejos los veía, les daba silbos y amenazas. Martín López propuso, ante una posible acción de los mexicanos, tomar otras medidas para la marcha porque venían muy ocupados con las cargas. Sandoval mandó de vanguardia a los tlaxcaltecas y reforzó la escolta que venía cuidando a los cargadores y repartió a los de a caballo, a los ballesteros y a los escopeteros en toda la columna, y así, en dos días más, llegaron a Texcoco a donde entraron dando voces: *¡Viva el Emperador nuestro señor!*, y *¡Castilla, Castilla y Tlaxcala, Tlaxcala!* Cortés los recibió con grandes atenciones y en especial a Chichimecatl y a sus capitanes. Los maderos y hierros se pusieron cerca de las zanjas y esteros donde se habían de construir los bergantines; y Martín López, con sus maestros de ribera y los indios carpinteros, se dieron gran prisa y pronto estuvieron los bergantines listos para ser calafateados y montarles los mástiles, jarcias y velas.

Cortés temía que los mexicanos intentasen algo en contra de los bergantines; y ordenó se establecieran velas, escuchas y guardias. Resultó cierta la sospecha porque los mexicanos procuraron tres veces incendiar los barcos en obra. Se hicieron presos quince indios de Culúa que habían ido a dar fuego. Estos indios dijeron a Cortés todas las providencias que Cuauhtémoc estaba tomando para hacerle la guerra.

En Texcoco estaban algo así como quince mil tlaxcaltecas, que fueron los que llevaron la madera y el hierro, jarcias y velas de los bergantines, y a los cinco días, para no estar mano sobre mano, el cacique Chichimecatl le pidió a Cortés permiso para ir contra mexicanos porque deseaba vengar las muertes de sus vasallos y parientes cuando la salida de México. Cortés le dijo que él también iría contra un pueblo que se decía Saltocan, sobre la laguna, porque se negaba a venir de paz. Se le invitó con unos mensajeros pero trataron mal a éstos y hasta los descalabraron. Al fin, puestos de acuerdo y muy preparados, castellanos y tlaxcaltecas se pusieron en marcha a Saltocan, mientras que Martín López y sus capitanes, herreros y calafateadores, se apresuraban a terminar los bergantines.

Los de Cortés y sus aliados no tardaron en encontrarse con escuadrones de Culúa que, después de varios intentos especiales para matar los caballos, se retiraron a unas lomas cercanas. Los tlaxcaltecas los persiguieron y les hicieron unos treinta prisioneros. Al día siguiente, los mexicanos y los de Saltocan empezaron a tirar con mucha flecha y piedra desde atrás de las acequias, de suerte que los de a caballo no podían combatirlos. Los guerreros cortaron la calzada que daba acceso al pueblo y tras del foso, tiraban muy a su salvo, los insultaban y les daban grandes burlas. De los indios que habían tomado prisioneros los de Tlaxcala, unos les indicaron a Cortés que había un camino por atrás que todavía no estaba cortado. Los soldados los pusieron de guías, los siguieron y dieron sobre las espaldas de los de Calúa, que tuvieron graves bajas y escaparon en sus canoas. Los tlaxcaltecas saquearon concienzudamente Saltocan y los castellanos se quedaron con muchos prisioneros. Allí durmieron esa noche, curaron los heridos y enterraron los muertos. Amaneciendo se pusieron en marcha y llegaron a Cuauhtitlán, que encontraron abandonado, y la gente desde lejos les daba silbos y gritería de vituperios. Avanzaron hasta Tenayuca, al que habían puesto *Pueblo de las Sierpes* por las grandes serpientes de piedra que había en sus adoratorios. De allí fueron a Tacuba y luego al Pueblo de los Plateros, como le llamaban a Azcapotzalco. A Tacuba llegaron unos escuadrones de los de Culúa y empezaron a guerrear con mucha bravura. Los castellanos y tlaxcaltecas hacían frente con energía pero de pronto, los guerreros de Cuauhtémoc empezaron a retirarse atrayendo a sus enemigos a la calzada hasta el primer puente en donde les hicieron frente y los cortaron, con grave riesgo de quedar encerrados, por la espalda, y así el alférez Juan Bolante cayó con la bandera en el foso y ya lo tenían para llevarlo a sacrificar cuando logró escapar a base de estocadas. Cortés, dándose cuenta de la celada, ordenó el repliegue, que se hizo con mucho trabajo y riesgo. Llegaron a Tacuba con muchos heridos, pero afortunadamente no había quedado ningún prisionero en manos de los aztecas.

Al alférez Juan Bolante luego lo hacían disgustarse cuando le decían que *Ya habían crucificado al hijo y ahora él quería ahogar a la madre*, haciendo referencia a que cayó en el foso lleno de agua llevando la bandera, que tenían la estampa de la Virgen María.

Cortés duró en Tacuba cinco días, y después de una serie de batallas y reencuentros, se puso en marcha a Texcoco a donde llegó después de un reposo en Acolman. Los tlaxcaltecas que iban cargados de botín, pidieron permiso para irse a su tierra, que Cortés les concedió. En esos días llegaron a Texcoco, solicitando la amistad de los castellanos y dándose como vasallos de Su Majestad, unos pueblos de la costa llamados Tuxpan, Mexcaltzingo y Nautla, que declararon ser inocentes de la muerte de Juan de Escalante y de otros *teúles* en lo de Almería, de lo que hacían responsable a Cuauhpopoca, que ya había sido quemado por justicia en México.

También llegaron los de Chalco de nuevo a pedir ayuda y protección contra los de México pero Cortés no sabía qué hacer porque tenía muchos soldados heridos y golpeados, y hasta se habían muerto ocho, y también caballos se habían muerto tres. Sin embargo, viendo el capitán lo importante que era ayudar a Chalco, mandó a Gonzalo de Sandoval con muchos soldados de los más válidos y buena copia de guerreros aliados, marchando a Tlalmanalco y luego a Huaxtepec, encontrándose por tres partes enemigos que venían corriendo, con una gritería espantosa, atacando con muchas armas. Sandoval a caballo gritó: *¡Santiago y a ellos!*, y cargaron los de a caballo logrando rechazar a los escuadrones sin derrotarlos. En esa batalla murió Gonzalo Domínguez porque su caballo rodó en un barranco quedando él abajo. Era un extremado jinete, de los mejores que vino con la armada de Cortés y muy querido por sus compañeros. En Huaxtepec había una guarnición de quince mil guerreros, que salieron a dar la batalla. Se desplegaron y empezaron a rodearlos, pero los de a caballo rompieron el círculo y lograron sacar a todos sus compañeros y aliados a un llano. Los aztecas permanecieron tranquilos y alejados. Los de Sandoval, con sus escuchas y corredores muy prestos, se preparaban a comer cuando de pronto los escuadrones mexicanos avanzaron intempestivamente. Los castellanos, que no dejaban las armas de la mano, formaron la línea de batalla y después de una batalla de poca duración, rechazaron a los indígenas, que abandonaron el pueblo. Sandoval asentó el campamento en una hermosa huerta. Los guerreros aztecas no volvieron a tacar. Sandoval, contrario a las opiniones de antiguos soldados de Narváez que pedían ya regresar a Texcoco, marchó a Yacapixtla sin encontrar resistencia.

Sandoval regresó a Texcoco, en donde fue recibido fríamente por Cortés en razón que los principales de Chalco habían venido de nuevo a pedir ayuda porque la intervención de Sandoval de nada había servido: Cuauhtémoc constantemente enviaba guarniciones a esa ciudad y a sus habitantes los trataba con violencia. Entonces Cortés recomendó que se unieran los pueblos cercanos y amigos para hacer frente a los mexicanos. Así libraron una batalla, que fue favorable a los de Chalco y cesó la hostilidad de los de México.

11

El asalto al nido
de las Aguilas

Cuando Cortés quedó informado que ya los bergantines estaban listos y bien cavada la zanja por donde
debían salir a la laguna, mandó decir a todos los pueblos que estaban cerca de Texcoco que cada uno hiciese ocho mil casquillos de cobre, según un modelo
que se les mandó; lo mismo que labrasen cada uno
ocho mil saetas de una madera muy buena que se
encontró. A los ocho días entregaron el material encargado, muy superior al de Castilla. También ordenó
a Pedro Barba que repartiese entre sus ballesteros

todas las saetas y casquillos y que se hicieran ejercicios de tiro para ajustar la puntería, dándosele mucho hilo, pólvora y ballestas que había traído de Castilla un barco cuyo capitán era un Juan de Burgos; y también mandó Cortés estuvieran listos los caballos y hecho esto, le mandó pedir a Xicotencatl el Viejo, que ya se había hecho cristiano y tenía el nombre de don Lorenzo de Vargas, que pasando el día de Corpus-Christi iban a marchar contra México para sitiarlo y que le mandara veinte mil guerreros de Tlaxcala, de Huejotzingo y de Cholula, pues todos eran amigos y compañeros de armas lo mismo mandó decir a los de Chalco y Tlalmanalco, y a don Fernando, señor de Texcoco, para que estuvieran prestos cuando se les mandase llamar, que fue para el segundo día de Pascua del año de mil quinientos veintiuno en que se hizo un recuento en los grandes patios de Texcoco, hallándose ochenta y cuatro de a caballo, seiscientos cincuenta peones de espada, muchos de lanza y ciento noventa y cuatro ballesteros y escopeteros y de éstos se sacaron para los trece bergantines, que llevaban en total trescientos hombres, con falconetes y cañones pequeños con bastante pólvora. Luego Cortés mandó pregonar las ordenanzas siguientes: No blasfemar de Cristo, de la Virgen ni de los Santos; no tratar mal ni tomarles ninguna cosa a los aliados y amigos; no salir del real; tener listas y bien cuidadas las armas; que no se jugasen o se apostasen las armas o los caballos; estar siempre presto, de día y de noche, con las armas al alcance y listas y el equipo puesto; no dormirse en los servicios; que ningún soldado huya o abandone a su capitán. Todas estas disposiciones tenían penas muy fuertes y hasta la de muerte.

Cortés tuvo que completar las tripulaciones con gente que habían sido pescadores u originarios de algún puerto, porque había que remar; y se negaban a hacerlo pero con amenazas lo logró y en la guerra fueron los mejor librados y de mayores ganancias. Cada bergantín tuvo su capitán y éstos fueron: Pedro Barba, Juan de Limpias, García Holguín, Carvajal el sordo, Juan Jaramillo, Jerónimo Ruiz de la Mota, otro Carvajal, un Portillo, un Zamora, un Colmenero, Lerma, Ginés Nortes, Briones, Miguel Díaz de Ampiés y otro más del que Bernal no se acordó.

Llegaron a Texcoco los guerreros de Tlaxcala y sus confederados siendo muy bien recibidos por Cortés y por Pedro de Alvarado. Cholula no mandó muchas fuerzas porque no quería comprometerse demasiado, aunque cuando la derrota de los españoles en México, no estuvo en su contra. El mando de los tlaxcaltecas lo tenía Xicontecatl el mozo, que no era de confiar por sus antiguos pensamientos de levantarse contra los *teúles*. Los tlaxcaltecas venían muy bien armados y rebolando sus banderas muy lúcidas, con su guión, que era una garza blanca. Entraron a Texcoco de dos en dos y tardaron más de tres horas en desfilar. Cortés los alojó y les dijo a los capitanes que descansasen para darles órdenes al día siguiente de cómo irían al cerco de México.

Al día siguiente Cortés dispuso que Alvarado con ciento cincuenta hombres de espada y rodela, treinta de a caballo, diez y ocho ballesteros y escopeteros y ocho mil tlaxcaltecas, fuesen a sitiar por Tacuba; a Cristóbal de Olid, con otros treinta de a caballo, ciento setenta y cinco soldados de espada y rodela, diez y ocho ballesteros y escopeteros y otros ocho mil aliados, para establecer su campamento en Coyoacán, a Gonzalo de Sandoval, que era alguacil mayor, le dio veinticuatro de a caballo, ciento cincuenta soldados de espada y rodela, catorce ballesteros y escopeteros y más de ocho mil guerreros de Chalco y de Huejotzingo, para asentar su campamento en Iztapalapa.

Al día siguiente y ya en marcha, en las capitanías de los tlaxcaltecas se dieron cuenta que faltaba el capitán general de ellos, que era Xicotencatl el mozo. Entonces Chichimecatl y otros jefes encontraron que se había regresado encubiertamente a Tlaxcala para promover un levantamineto y apoderarse del cacicazgo. Cortés lo supo y mandó decirle que volviera a su lugar, dándole muchas explicaciones, pero Xicotencatl se negó a ir y a obedecer, por lo que Cortés mandó un alguacil y cuatro de a caballo para que donde lo encontrasen lo ahorcaran. Aunque Alvarado habló mucho en su favor, por órdenes de Cortés lo prendieron y lo ahorcaron en un pueblo cercano a Texcoco. Al día siguiente, trece de mayo, salieron las capitanías de Texcoco pero al llegar a Acolman, las fuerzas de Alvarado y las de Cristóbal de Olid casi llegaron a las armas por cuestión de ver a quien le correspondía el campamento. De este disgusto surgió una sorda enemistad entre Alvarado y Cristóbal de Olid que nunca terminó. Continuaron la marcha al día siguiente por Cuauhtitlán, Tenayuca y Azcapotzalco, llegando frente a Tacuba al anochecer. La ciudad estaba despoblada y fácilmente encontraron dónde alojarse. Los mexicanos de sus canoas lanzaban piedras y varas, grandes silbos y gritos. Las calzadas estaban llenas de guerreros. Al día siguiente, que era domingo, los cas-

tellanos resolvieron cortar el agua que entraba a México de Chapultepec. En el camino encontraron muchos guerreros que escalonadamente los atacaron pero poco a poco los españoles los hicieron retroceder, matándoles algunos y haciéndoles siete u ocho prisioneros. El acueducto fue roto y México no volvió a recibir agua de Chapultepec durante todo el tiempo del sitio.

Después de la ruptura del acueducto, se acordó hacer un reconocimiento por la calzada de Tacuba, que tenía ocho pasos de ancho, para ver la posibilidad de apoderarse de un puente. La empresa salió infructuosa por la increíble cantidad de canoas con guerreros muy valientes, bien armados y buenos flecheros, que tiraban a su salvo de los dos lados de la calzada, hiriendo a muchos soldados y caballos. La presencia de los aliados tlaxcaltecas era tan numerosa que resultaban un estorbo; y los de Cuauhtémoc, gritando agravios y provocaciones, se fueron retirando paso a paso en la calzada. Su intención era atraer a los castellanos al primer puente para cortarles la retirada con guerreros que iban en canoas; pero los capitanes se dieron cuenta y empezaron a retroceder. Entonces los grandes grupos de guerreros que venían de frente, atacaron con mayor energía, arrojando verdaderas nubes de flechas, matando a ocho soldados y haciendo unos cien heridos. A los tlaxcaltecas los insultaban y les decían que salieran a combatir a la tierra firme para mostrarles que eran unas gallinas. Con mucho trabajo y sin dejar de combatir, tlaxcaltecas y españoles se retiraron a Tacuba, a donde ya no osaban llegar los mexicanos.

Al día siguiente, Olid con su capitanía marchó en dirección de Coyoacán, en donde iba a establecer su cuartel. Sandoval salió de Texcoco cuatro días después de la fiesta de Corpus Christi y marchó en dirección de Iztapalapa. Todos los pueblos del camino eran amigos y aliados, así es que no perdió tiempo y llegando frente a la ciudad que se le había designado como campamento, empezó a darle guerra. Toda casa de la tierra firme que caía en su poder, era quemada o derribada. Cuauhtémoc ordenó mandar guerreros para ayudar en la defensa de Iztapalapa, pero Sandoval logró sorprenderlos en tierra firme y los rechazó. Los mexicanos montaron en las canoas y desde ellas lanzaron tal cantidad de flechas, varas endurecidas al fuego y piedras, que mataron a dos soldados y a muchos aliados, así como hirieron a otros tantos más. Los tlaxcaltecas señalaron a Sandoval una humareda en la cima de un cerro cercano a Iztapalapa e hicieron saber que era un mensaje a los de México pidiendo mandaran todas las canoas para combatir a Cortés, que ya había salido con los bergantines de Texcoco. Lo primero que hizo el capitán entrando en la laguna fue combatir un peñol en una isla, en donde había gente de guerra. Los pueblos confederados con México, que eran Xochimilco, Iztapalapa, Churubusco, Mexicaltzingo y otros más, habían proporcionado guerreros y canoas, que en total eran unas mil, para atacar a Sandoval en Iztapalapa; pero cuando supieron que los bergantines entraban en la laguna, fueron contra ellos. Cortés vio tantas embarcaciones indígenas que iban sobre sus bergantines que tuvo temor de ser abordado y optó por retirarse a un paraje cerca de tierra, pero en eso empezó a soplar un viento que fue aprovechado por los bergantines para enfilar contra las canoas, rompiendo muchas, volteando otras y obligando al resto a escapar a unas casas que estaban en el agua.

Después de esta batalla, que fue la primera de los bergantines, Cortés fue a Coyoacán, en donde estaba Cristóbal de Olid. En los canales y partes angostas había muchos guerreros aztecas que lo atacaron creyendo poderle quitar las embarcaciones. Como le tiraban flechas y piedras desde unos *cúes* y de las canoas, ordenó bajar cuatro falconetes para tirar sobre los tupidos grupos de guerreros, que heridos a mansalva caían por filas completas. Los artilleros se dieron tal prisa, que por un descuido se les quemó la pólvora y se chamuscaron algunos de ellos. Despachó Cortés a un bergantín con cartas para Sandoval diciéndole mandara toda la pólvora que tuviese y que no se moviera del lugar donde se encontraba. Habiendo ya rechazado a los atacantes y recibido el acopio de pólvora, Cortés enfiló sus bergantines a un crucero de calzadas en donde se veía una como fortaleza. Era el llamado fuerte Xoloc, en la vía de Coyoacán con la de Itzapalapa. Con la ayuda de la capitanía de Cristóbal de Olid, que venía por tierra, se apoderó del fuerte, hizo muchos prisioneros y desmanteló el punto. Los aztecas mandaron algunos escuadrones para reforzar la guarnición del fuerte, pero fueron rechazados por el fuego de las *fusleras*, las pequeñas bombardas de bronce. Con la captura del fuerte Xoloc, resultaba ya innecesaria la presencia de la capitanía de Sandoval en Iztapalapa. Para bloquear la ciudad lacustre por el sur era suficiente la fuerza de Olid, y se podría disponer de los contingentes de Sandoval en auxilio de Alvarado, que era el que llevaba el esfuerzo principal. Cortés dispuso que Sandoval se situase en el norte, por la calzada de Tepeyacac y así pudiese auxiliar a Alvarado caso dado en Tacuba; y éste a su vez podía darse ayuda con Olid. Con esta distribución de sus fuerzas, Cortés encerraba completamente a los guerreros de Cuauhtémoc en su isla-ciudad.

El día 9 de junio los españoles llevaron a cabo su primer intento para entrar hasta la ciudad. Lo hicieron por la calzada del oriente. Salvaron cuatro cortaduras y casi llegaron a la gran plaza del templo mayor, pero la reacción de los aztecas no se hizo esperar. Y Cortés cayó a la cuenta que con las tripulaciones de los bergantines nunca podría formar una fuerza suficiente para una empresa de gran envergadura. Los mexicanos los detenían en las calzadas con unos escuadrones pero con cientos de canoas cargadas de guerreros, que podían cortarlos rápido por retaguardia. Los castellanos fueron retrocediendo y abandonaron el terreno conquistado. El capitán español resolvió distribuir los bergantines entre las capitanías enviando cuatro a Alvarado; seis a Olid; dos a Sandoval y uno pequeño, al que llamaban el *Busca Ruido*, que podía ser volteado por las canoas, lo hizo sacar a tierra, repartiendo a sus tripulantes en los otros barcos.

En la calzada de Tacuba, los aztecas flechaban y apedreaban desde las canoas, causando muchas bajas e impidiendo avanzar, por lo que el capitán Alvarado dispuso que dos bergantines atacasen por un lado y dos por el otro, obligando a las embarcaciones indígenas a escapar. Alejado en esta forma el peligro, los soldados sobre la calzada lograron rechazar a los guerreros hasta el primer puente pero sin gran provecho porque en la noche, al retraerse, los enemigos recuperaban lo perdido en los combates del día. Los guerreros de México cavaron una zanja estacada que bien disimularon para que, cuando se retrajeran los castellanos, allí cayeran en la trampa. Enterados del ardid, lo hicieron cegar y no surtió efecto.

En las noches, los castellanos en su real o en el campo avanzado se ocupaban de curarse las heridas principalmente con aceite caliente pero recurriendo también a la taumaturgia porque un soldado llamado Juan Catalán les santiguaba las heridas y... *Verdaderamente* —asegura Bernal— *hallábamos que Nuestro Señor Jesucristo era servido darnos esfuerzo, además de las muchas mercedes que cada día nos hacía, y de presto sanaban.* Al día siguiente todo el mundo salía a pelear porque... *Si los heridos se quedaran en el real, sin salir a los combates, no hubiera de cada ca-*

pitanía veinte hombres sanos. Hasta los tlaxcaltecas concurrían con Juan Catalán para aliviar sus heridas, porque los combates eran tremendos y casi nadie escapaba. Todos los días tenían que relevar al abanderado porque resultaba siempre herido, y a veces grave. La comida cotidiana eran tortillas, quelites, capulines y tunas. A veces desde que amanecía, los escuadrones indígenas atacaban y se turnaban por escalones, acudiendo a una señal que les daban desde el *cú* de Tlaltelolco. Como Cortés vio que sus soldados sufrían heridas y golpes sin cuento y a diario había muchos que morían, de los propios y de los aliados, y no se avanzaba en el camino para llegar a México, se dio la orden de ir arrasando el terreno, a no dejar casa en pie, pero había necesidad de doblar el trabajo, el esfuerzo y la vigilancia, aumentando con esto la fatiga a los soldados, más que se había corrido la noticia que. Cuauhtémoc intentaba hacer una salida por la calzada de Tacuba. Y así lo llevó a cabo, atacando furiosamente una noche, pero no logró su propósito porque los castellanos estaban muy vigilantes, aunque heridos, mal comidos y durmiendo en el lodo los pocos momentos de descanso. Cortés se había dado cuenta que de poco valía haber roto el acueducto de Chapultepec y de vigilar las calzadas porque los pueblos aliados de los aztecas les proporcionaban todo, metiéndolo en las canoas a la ciuad. Entonces los bergantines se ocuparon de impedir que entrasen en la noche cualquier clase de abastecimientos para los asediados, dándoles caza a las canoas y ahorcando a sus tripulantes. Pero a los pocos días, los mexicanos llevaron a cabo una celada que consistió en armar y dotar con muchos guerreros treinta piraguas que escondieron en unos tulares. Luego plantaron en la laguna, en un lugar propio escogido por ellos, una estacada firme. En la noche hicieron que unas canoas, con buenos remeros, simulasen que llevaban provisión a México; y vistas por dos de los bergantines, éstos se pusieron a darles caza. Los patrones de las canoas fueron retrayéndose al lugar en donde estaban las estacadas y además, escondidas las treinta piraguas. Cuando los bergantines entraron en la trampa, dieron sobre ellos los guerreros con terrible gritería, furia y matando a muchos marineros que estaban atareados en la maniobra y en el timón para sacar a los bergantines del paraje tan peligroso. Allí murió Portillo, capitán de uno de los bergantines, que había sido soldado en Italia peleando contra los franceses; y herido de gravedad el amigo de Cortés, el experto ballestero Pedro Barba, capitán del otro bergantín, que unos días después murió. Los dos bergantines eran del real de Cortés, que estaba con Olid en el *cú* y en el fuerte Xoloc.

Cortés ordenó a sus capitanes que cegaran todo puente y derribaran las casas que fueran siendo capturadas; y entonces los aztecas cambiaron su táctica: cavaron zanjas muy anchas y hondas en donde habían estado los puentes, con parapetos y albarradas a uno y otro lado de las zanjas; y plantaron grandes estacas para detener a los navíos y así acabar con ellos; al efecto tenían muchas canoas escondidas con muchos guerreros y buenos remeros. Un domingo atacaron los indígenas con dos escuadrones por la calzada y uno en las canoas que iba a atacar por la espalda. Los castellanos avanzaron y cruzaron la cortadura mas de pronto los mexicanos contra-atacaron y los *teúles* tuvieron que irse retirando poco a poco, pero cuando llegaron a las zanjas, los hoyos rompieron el orden del repliegue en los momentos en que se producía el ataque de los guerreros que venían en las canoas, hiriendo a todos los soldados y llevándose vivos a cinco. Los bergantines no pudieron ayudar porque las estacas impidieron que se aproximaran. A Bernal ya le habían echado mano y hubiera parado en la piedra de los sacrificios pero sacando fuerzas de flaquezas dio estocadas a diestra y siniestra al grado que logró *escabullirse*. Afortunadamente los de a caballo no lograron pasar los fosos porque si no, allí los matan, como le ocurrió al único que lo hizo, y con el estorbo de los caballos apretujados, muertos o heridos, hubieran acabado con todos. Cortés muy disgustado escribió a Pedro de Alvarado diciéndole que eso pasaba por no cegar los fosos y derribar las casas a medida que se avanzaba. Y así se sucedían los combates día y noche, porque los mexicanos recurrían a su gran valor y experiencia combativa. Una noche un bergantín capturó una canoa en la que iban dos principales que le dijeron a Cortés que los culúas le tenían preparada una trampa al bergantín que hacía la ronda; que en unos tulares tenían escondidas muchas piraguas para atacarlo y que echarían dos canoas como cebo para atraerlo. Cortés entonces preparó la contrapartida. Disimuló seis bergantines, bien escondidos y luego, ya de noche hizo avanzar a otro como para perseguir a dos canoas que a su vez simulaban llevar provisiones. Cuando estuvo entrado en la trampa, las piraguas salieron de los tulares y dieron contra él con gran guerra, pero en esos momentos, los bergantines que estaban disimulados salieron de sus escondites y moviéndose a remo atacaron al grueso de las piraguas y canoas, de las cuales destrozaron la mitad. El bergantín que había servido de cebo dio la vuelta y tomó parte en el desbarate, recogiendo a muchos prisioneros y capturando buena presa de canoas y piraguas que llevó al remolque.

Por esos días se presentaron en el real de Cortés los caciques de Iztapalapa, Churubusco, Culuacan y Mixquic, ofreciendo las paces y rindiendo vasallaje. Habían sido confederados de los mexicanos y mucho le habían ayudado con guerreros y provisiones. Se quejaron de sufrir grandemente con los rigores de la guerra y que sus pueblos no soportaban más. Cortés los recibió de amistad y les pidió que ayudasen con las provisiones. En el real de Alvarado, los soldados se dividieron en tres capitanías: dos se encargaban de hacer frente a los enemigos y un tercero iba cegando los fosos, derribando las casas y todo lo que se alcanzase.

Cuauhtémoc ordenó que para el día 24 de junio, día en que se ajustaba el año de la derrota de la Noche Triste, se lanzara un ataque general contra las tres capitanías. Los combates furiosos se prolongaron por dos días consecutivos pero, a pesar de su gran entusiasmo y valor, los aztecas no lograron ninguna ventaja y entonces resolvieron concentrarlo sobre el real de Alvarado, poniéndolo en grave peligro, le mataron a ocho soldados, hirieron a muchos y aún a Alvarado lo descalabraron.

Cortés se desesperaba de ver lo lento que iba el cegar y arrasar el terreno que se ganaba y que estaban la mayoría de los soldados heridos y habían muerto veinte, escribió órdenes para intentar de un golpe llegar hasta Tlaltelolco, "que era una plaza mayor que

*El día de San Hipólito,
13 de agosto de 1521, cae la
Gran Tenochtitlán en
poder de los conquistadores.*

la de Salamanca", y llegando a ella asentar allí los tres campamentos para avanzar reunidos sin tantos esfuerzos. Se le hicieron ver los inconvenientes, porque los aztecas habían hecho muchas estacadas de manera que los bergantines no podían ayudar a los que combatían en las calzadas. Cortés escuchó las razones y ordenó que al día siguiente, de cada campamento se llevase a cabo un ataque general. De todos los campamentos, el de Cortés fue el que más avanzó, hasta llegar a una cortadura algo honda en la que los aztecas habían dejado un paso. Los mexicanos, sin dejar de combatir, hicieron como que se replegaban y a Cortés le pareció fácil la victoria y continuó la persecución sin cegar la abertura que había ganado. De pronto los mexicanos dejaron de replegarse y volvieron contra los soldados con tan gran furia y con tales alaridos, gritos y silbidos que los de Cortés no se pudieron defender y en llegar en el retroceso, al paso lleno de cieno y de agua, con gran número de aliados que congestionaron el angosto paso queriendo huir ya sin hacer resistencia. Cortés gritaba: *¡Tened, tened, señores, tened recio! ¿Qué es esto que así volvéis las espaldas?* Allí le hirieron una pierna y ya lo tenían para llevarlo vivo junto con otros sesenta y seis soldados, pero en eso llegó el muy esforzado soldado Cristóbal de Olea, que cuando lo vio asido de tanto guerrero, los atacó furiosamente con la espada, matando a cuatro capitanes y ayudado por otro soldado que se llamaba Lerma, logró salvarlo aunque Olea quedó muerto; y el mayordomo de Cortés, Cristóbal de Guzmán que le acercaba un caballo, fue capturado por los mexicanos para llevarlo vivo ante Cuauhtémoc. Los soldados de Alvarado en la calzada de Tacuba que no sabían del desastre de Cortés, de pronto vieron venir contra ellos muchos guerreros con grandes gritos y les arrojaron cinco cabezas de los que habían tomado a Cortés y les decían: *Así los mataremos como hemos muerto a Malinche y a Sandoval... Y esas son sus cabezas.* Los tlaxcaltecas creyeron que era verdad y se atemorizaron. Alvarado ordenó el repliegue y... *Como nos íbamos retrayendo, oímos tañer el cú mayor, que es donde estaban sus ídolos Uichilobos y Tezcatepuca, que señorea el altar de él a toda la gran ciudad, y tañían a tambor, el más triste sonido, en fin, como instrumento de demonios, y retumbaba tanto que se oyera a dos leguas, y junto con él muchos atabalejos y caracoles y bocinas y silbos; entonces, según después supimos estaban ofreciendo diez corazones y mucha sangre a sus ídolos de nuestros compañeros...*

Los guerreros muy animados por *haber desbaratado a Malinche*, atacaban furiosamente a los de Alvarado, que se encontraban angustiados y heridos, y no sabían nada de Cortés, ni de Sandoval y sus soldados. Difícilmente sostenían el ímpetu de la furia de los mexicanos.

A los soldados de Cortés, todos heridos y peleando contra miles de guerreros, les arrojaron cuatro cabezas diciéndoles que eran de *Tonatiuh*, como le llamaban a Alvarado; de *Malinche* y de otros capitanes y que así ocurriría a Sandoval y a sus compañeros. Sandoval animaba a sus soldados y les pedía pusieran mucho concierto al retraerse. Ordenó se retirasen los aliados que por ser muchos, estorbaban las operaciones.

Aunque todos estaban heridos, golpeados y cansados, los soldados de Sandoval se retrajeron con orden y combatiendo sin cesar.

En una entrevista que tuvo Sandoval con Cortés, éste explicó la causa de su descalabro; luego mandó a Gonzalo de Sandoval, a Francisco de Lugo y a Andrés de Tapia que fueran al campo de Alvarado para dar informes exactos y saber cómo les acontecía en las batallas. Dice Bernal que después de haber rechazado a los mexicanos y liberado a un bergantín que había ya quedado en sus manos, se fueron replegando y... *Ya que estábamos retraídos cerca de nuestros aposentos, pasada ya una gran obra donde había mucha agua y no nos podían alcanzar las flechas, vara y piedra, y estando Sandoval y Francisco de Lugo y Andrés de Tapia con Pedro de Alvarado, contando a cada uno lo que le había acontecido y lo que Cortés mandaba, tornó a sonar el atambor muy doloroso de Uichilobos, y otros muchos caracoles y cornetas, y otras como trompetas, y todo el sonido de ellos espantable, y mirábamos al alto cú en donde los tenían, vimos que llevaban por fuerza las gradas arriba a nuestros compañeros que habían tomado en la derrota que dieron a Cortés, que los llevaban a sacrificar; y desque ya los tuvieron arriba en una placeta que se hacía en el adoratorio donde estaban sus malditos ídolos, vimos que a muchos de ellos les ponían plumajes en las cabezas y con unos como aventadores les hacían bailar delante de Uichilobos, y después que habían bailado luego les ponían de espaldas encima de unas piedras algo delgadas, que tenían hechas para sacrificar, y con unos navajones de pedernal les aserraban los pechos y les sacaban los corazones bullendo y se los ofrecían a los ídolos que allí presentes tenían, y los cuerpos dábanles con los pies por las gradas abajo;*

*y estaban aguardando abajo otros indios carniceros
que les cortaban brazos y pies, y las caras desollaban,
y las adobaron después como cuero de guantes, y con
sus barbas las guardaban para hacer fiestas con ellas
cuando hacían borracheras y se comían las carnes con
"chilmole" y de esta manera sacrificaron a todos los
demás, y les comieron las piernas y brazos, y los corazones y sangre ofrecían a sus ídolos, como dicho
tengo, y los cuerpos, que eran las barrigas y tripas
echaban a los tigres y leones y sierpes y culebras que
tenían en la casa de las alimañas, como dicho tengo
en el capítulo que de ello he platicado...* En los momentos en que estaban haciendo los sacrificios atacaron los aztecas con gran furia gritando que así los
iban a matar a todos porque se los habían dicho sus
dioses; y a los tlaxcaltecas le ponían miedo arroján-
doles piernas de indios asadas y algunos brazos de
soldados españoles y les gritaban que comieran esas
carnes, porque ellos ya estaban hartos; y que las casas
que habían derribado, las tenían que rehacer de cali-
canto labradas y muy bien hechas. Cuauhtémoc mandó adobar cabezas, manos y pies de los soldados muertos y también de caballos para enviarlos a los pueblos
aliados de los castellanos, diciéndoles que ya eran
muertos más de la mitad de los *teúles* y que pronto
los acabarían; que dejaran su amistad y vinieran a
México porque si así no lo hacían se les iría a destruir
y serían muertos todos ellos. Y la guerra continuaba
con sin igual furia. Los aztecas volvían a cavar los
fosos que habían sido cegados en las calzadas e hicieron parapetos muy fuertes.

Sandoval, Lugo y Tapia regresaron al real de Cortés a dar cuenta que en la capitanía de Alvarado estaban en orden y peleando muy bien.

En la noche sonaba el teponaxtle del templo mayor y era que sacrificaban de los españoles que tenían presos y luego gritaban que sus dioses les decían que en ocho días más acabarían con todos los *teúles* y sus aliados. Y al día siguiente venían nuevos escuadrones a dar la guerra, que se distinguían por sus penachos y guiones diferentes. Les gritaban en los encuentros pie con pie, que eran unos bellacos, que sus carnes no servían para comer porque amargaban. A los tlaxcaltecas los amenazaban y les decían que los harían esclavos para ponerlos a trabajar en las sementeras y para sacrificar. Un día, los aliados de Tlaxcala, Huejotzingo, Cholula y de otros pueblos resolvieron retirarse de las batallas e irse a sus casas, sin avisarle a Cortés y a los capitanes. En el real de Cortés sólo quedó Ixtlixochitl, que cuando se bautizó se llamó don Carlos, y era hermano de don Fernando, señor de Texcoco, con cuarenta guerreros. Con Sandoval quedó un cacique de Huejotzingo con cincuenta hombres y con Alvarado, dos hijos de don Lorenzo de Vargas y el cacique Chichimecatl con unos ochenta guerreros.

De más de veinticuatro mil aliados del principio, no quedaron en los tres reales más que unos doscientos. Cortés y Sandoval preguntaron por qué se habían ido los amigos y les dijeron que por lo que los ídolos les hablaron a los mexicanos ofreciéndoles que habían de matar a los *teúles* y a sus aliados, lo que comprobaban con ver a todos los castellanos heridos y que les habían muerto muchos y de entre ellos mismos faltaban más de mil doscientos; más lo que les había dicho Xicotencatl el mozo, que a todos los habían de matar.

Cortés disimulando su preocupación, dijo a los caciques que no tuvieran miedo; que los mexicanos decían eso para desanimarlos y los convenció con muy buenas palabras, pero Ixtlixóchitl aconsejó a Cortés ya no ir a las entradas de guerra sino estacionar a las capitanías en los reales y sólo impedir que los mexicanos recibiesen bastimentos y ayuda. Los bergantines fueron encontrando la manera de burlar las estacadas y navegar libremente en el lago. Se siguió la táctica de proteger las calzadas con los bergantines y detener los ataques de los mexicanos. Éstos, durante diez noches estuvieron sacrificando prisioneros y el último fue Cristóbal de Guzmán, al que obligaron a enseñarles a tirar con las ballestas que habían capturado. Todos los fosos de las calzadas iban siendo cegados con los materiales de las casas que eran arrasadas. Poco a poco regresaron los guerreros de Tlaxcala y de Huejotzingo. Cortés los recibió con palabras amistosas, agradeciendo su ayuda y ofreciéndoles que regresarían ricos a sus tierras y se vengarían de sus enemigos. Que se les pagaría la buena voluntad de servir a Su Majestad y las buenas obras que siempre habían recibido de ellos. Pero les hizo saber que eran merecedores de pena de muerte por abandonar a sus capitanes, que estaban peleando, pero que los perdonaba porque no sabían las ordenanzas de ellos. Abrazó a sus capitanes y les mandó fueran con sus hombres a los campamentos para ayudar en la guerra.

Cita frecuentemente Bernal que se cansa de hablar que durante los noventa y tres días que fue el sitio de México, a diario tenía terribles combates con los guerreros de Cuauhtémoc. Pero poco a poco, la ciudad iba cayendo en poder de Cortés. Los fosos eran cegados y las casas destruidas a ras, de manera que los de a caballo podían atacar a los mexicanos, que ya carecían de alimentos y sólo tenían el agua que juntaban de la lluvia. Cortés, con tres prisioneros que eran principales, mandó ofrecer paces a Cuauhtémoc. Los principales aztecas se negaron a ir porque era seguro que los mandaría matar. Cortés los convenció para que le dijeran que lo quería mucho por ser pariente del gran Moctezuma y le ofrecía paces para que cesara la gran matanza y que en nombre de Su Majestad le perdonaba todas las muertes y daños que les había hecho; que no hiciese caso de sus malditos ídolos y de sus *papas* porque lo tenían engañado. Que todos los pueblos de la comarca estaban con los castellanos y que sabía no tenían ya bastimentos.

Cuando los mensajeros llegaron frente a Cuauhtémoc llevando una carta de Cortés, que aunque no la supieran leer servía como contraseña, le dijeron lo que Cortés les mandó y después que los oyó, junto con sus capitanes, se disgustó porque tuviesen el atrevimiento de traerles esas proposiciones, pero Cuauhtémoc era un gentil-hombre y, según dijeron después, tenía voluntad de hacer paces y para tratarlo mandó reunir a principales, capitanes y *papas* de los ídolos para exponer que no quería ya tener guerra y que ya había probado todas las formas de hacerla sin un resultado definitivo; que los bergantines habían destruido las estacadas y los caballos corrían libremente por las calzadas y otras desventuras por la carencia de mantenimientos y agua, por lo que les pedía diesen su parecer. Los *papas* le dijeron que tuviera presente cómo había tratado Malinche a Moctezuma y a los otros señores muy principales, y que les quitaron el oro y a todos los vasallos los habían hecho esclavos y les habían marcado las caras; que tomara buen consejo de lo que le decían los dioses, prometiéndoles la victoria final; o si no, más valía que todos murieran peleando y no verse esclavos y atormentados para quitarles el oro. Cuauhtémoc contestó que entonces guardaran mucho los alimentos y muriesen todos peleando porque el que en adelante pidiese las paces, lo mandaría matar.

Como respuesta, a los tres días los escuadrones de guerreros atacaron violentamente los tres reales, y, por más bajas en muertos y heridos que sufrían, no cesaron en mantener el combate, animados por el caracol de Cuauhtémoc, que los impulsaba a pelear y gritaban que no pidieran paces porque sus dioses les habían prometido la victoria y que tenían muchos bastimentos y agua; que las palabras eran para mujeres y las armas para los hombres. Y se les echaban encima como perros rabiosos, peleando sin cesar hasta que anochecía y los castellanos, con gran prudencia se retraían a sus campamentos a comer la mísera ración de tortillas con yerbas. Y de esta manera estuvieron muchos días. Cuauhtémoc había hecho que las cabezas y manos de los sacrificados y las de los caballos, fueran enviadas a muchos pueblos, diciéndoles que ya habían muerto a la mitad de los *teúles* y que les rogaba viniesen a ayudarlo para acabarlos de matar. Como en unos pueblos que se llamaban Matlatzingo, Malinalco y Tulapa (Toluca), tenía Cuauhtémoc muchos parientes y se convencieron al ver las cabezas de los sacrificados, luego se pusieron en armas para ir en socorro de los mexicanos y dar en los campamentos por las espaldas mientras que los propios mexicanos lo harían por el frente, pero los escuadrones de guerreros que venían a México, por el camino atacaron a pueblos amigos de los castellanos, les robaron los maizales y les llevaron unos niños para sacrificarlos. Urgentemente le avisaron a Cortés y prestó mandó a Andrés de Tapia con veinte de a caballo, cien soldados a pie y muchos amigos tlaxcaltecas, que derrotaron a los que iban a ayudar a Cuauhtémoc; y lo mismo ocurrió en Cuernavaca, a donde mandó a Gonzalo de Sandoval con cien soldados de los menos heridos y corriendo el riesgo de dejar ese punto con una guarnición formada por soldados enfermos y en mal estado. Sandoval también derrotó a los guerreros y les hizo muchos prisioneros de los cuales dos eran muy principales, obligándolos a regresar a sus pueblos para que se dieran de paz. Cuauhtémoc supo que ya no tendría la ayuda de esas provincias y entonces Cortés mandó nuevos mensajeros para ofrecer a Cuauhtémoc las paces, con muchas explicaciones, perdones y ofrecimientos, pero el señor azteca, después de oírlos, les mandó que salieran de México, sin darles ninguna respuesta.

Los mexicanos reanudaron la batalla, con más furia y mataron diez soldados, a los que les cortaron las cabezas, que arrojaron a los pies de los soldados gritándoles *¿Qué será lo que hoy dice el rey de Castilla?* Pero los castellanos y sus aliados ya tenían ganada gran parte de la ciudad y notaron que los guerreros no se relevaban con frecuencia, ni abrían zanjas. Por esos días llegó a la Villa Rica un navío con Lucas Vázquez de Ayllón que trajo algunos soldados, refuerzos, pólvora y ballestas que fueron enviados al campamento de Cortés en México.

Cortés ordenó que se entrase lo más que fuera posible a Tlaltelolco, que era la plaza mayor. Todas las capitanías fueron por las calzadas sin cesar hasta llegar al *cú* principal en donde encontraron los restos de los que habían sido sacrificados y a los que se les dio sepultura en un lugar donde luego se hizo la iglesia de los Mártires, por el puente de Alvarado. En Tlaltelolco se destruyó todo y se incendió el *cú*, aunque con grave peligro, porque los aztecas lanzaban ataques furiosos constantemente. Cortés dejó sin detruir unas casas, en donde escondió a muchos soldados de a caballo e hizo avanzar por la calzada a los tlaxcaltecas para hacer frente a los escuadrones mexicanos pero con órdenes de retraerse. Llegado ese momento, los aliados empezaron a replegarse y hasta huían, por lo que los mexicanos los siguieron, pero de pronto sonó un escopetazo, que era la contraseña y los de a caballo cerraron por la espalda de los guerreros aztecas, haciéndoles muchos muertos, heridos y prisioneros. Los mexicanos ya no volvieron a perseguir a los enemigos que se retraían. De Tlaltelolco, Cortés envió mensajeros para ofrecerle de nuevo la paz a Cuauhtémoc, rogándole que se rindiese y que no se le haría ningún daño, seguiría mandando en México y en todas sus tierras y ciudades y le hizo otros ofrecimientos. Le mandó alimentos y regalos y Cuauhtémoc contestó que quería la paz pero pedía tres días para resolverla, mas en verdad lo que buscaba era consultar con su dios Uichilobos, por conducto de los *papas* y alistar más elementos de guerra, cavar zanjas y levantar albarradas. Mandó a cuatro principales mexicanos con la respuesta, que fueron muy bien tratados; y luego mandó a otros mensajeros, que aseguraron que Cuauhtémoc vendría para la fecha acordada, pero el caso fue que nunca asistió a la cita, porque le aconsejaron que desconfiase de Cortés y que continuase la guerra, que sería al fin victoriosa. *Pues como estábamos aguardando a Cuauhtémoc y no venía* —dice Bernal— *vimos malicia...* Y los mexicanos atacaron con furia y sorpresivamente, que hirieron a muchos soldados y mataron a tres y a dos caballos, aunque también ellos salieron mal parados y dejaron muchos muertos.

12

El fin del Imperio Azteca

Cortés ordenó que otra vez se les atacase en el lugar donde se habían recogido, pero en ese momento Cuauhtémoc mandó a dos principales para decir que deseaba hablar con *Malinche* desde la orilla de una abertura llena de agua, cada quien de su lado. Se fijó el día y la hora, pero Cuauhtémoc no asistió y mandó a uno de sus capitanes para decir que su señor no iba por temor a que le dieran un escopetazo, y que no confiaba en los ofrecimientos de Cortés.

Durante cuatro o cinco días se detuvo la guerra y muchos indios de México, agotados por el hambre, aprovecharon para salir huyendo de la sitiada y semi-destruida ciudad. Cortés ordenó que no se les diese guerra a Cuauhtémoc y a los suyos, para ver si venían de paz.

Un soldado llamado Sotelo, que había estado en las guerras de Italia, dijo a Cortés que tenía la idea de hacer un *trabuco*, una especie de gran honda, para tirar una enorme piedra sobre las casas en donde estaba Cuauhtémoc con los suyos y así traerlos de paz, pero hecho el famoso "trabuco", no dio el menor resultado, por lo que Cortés dispuso que Gonzalo de Sandoval con los doce bergantines entrase en la parte donde estaba Cuauhtémoc con sus *papas*, principales y capitanes, bien protegido. Sandoval llevaba órdenes de no matar ni herir a nadie, salvo el caso que le diesen guerra; y que les destruyese las casas y muchos parapetos que habían hecho en la laguna.

Cuauhtémoc ya tenía aparejadas cincuenta grandes piraguas para, en caso de peligro, salir a tierra firme para escapar a otros pueblos; y tenía dadas las órdenes a su gente de más importancia para que hiciera lo mismo.

Cuando Cuauhtémoc vio la entrada que hacían los bergantines de Sandoval, se embarcó con todos en las piraguas, en las que ya tenían a sus familias y pertenencias, y se fueron a golpe de remo por la laguna, mas cuando Sandoval supo que Cuauhtémoc iba huyendo, ordenó a los capitanes de los bergantines se ocuparan de alcanzar a las canoas, sin ofenderlas, sino que por la buena los prendiesen.

Y un capitán llamado García Holguín, de un bergantín muy ligero y con buenos remeros, fue enviado por Sandoval a perseguir a las piraguas de Cuauhtémoc; y al fijarse en una muy bien aderezada, con sus toldos y asientos de gran arte y riqueza, supuso que en ella iba Cuauhtémoc, el gran señor de México, por lo que hizo señas para que se detuvieran, pero por el contrario, continuaron al remo y más veloz. Entonces los del bergantín hicieron demostración que iban a tirarle con las escopetas y ballestas, por lo que la rica piragua se detuvo y se oyó una voz: *No me tiren, que yo soy el rey de esta ciudad y me llaman Cuauhtémoc; lo que te ruego es que no llegues a cosas mías de cuantas traigo, ni a mi mujer ni parientes, sino llévame luego a Malinche y... Como Holguín lo oyó, con mucho acato y atención lo pasó al bergantín, con sus familiares y treinta principales, los sentó en unas mantas y les dio de comer. Las canoas y piraguas las llevó al remolque.* Pero entonces surgieron desavenencias: Sandoval alcanzó a Holguín y le pidió le entregara al prisionero, mas no se lo quiso dar, argumentando que él lo había capturado. Sandoval reconoció que así era pero dijo que él lo había mandado a la persecución y además, él era el jefe de los bergantines y en consecuencia, García Holguín estaba bajo su mando y tenía que entregarle al prisionero. Cortés supo de las diferencias de Sandoval con Holguín y ordenó que los fuesen a llamar y viniesen sin más discutir; trajesen a Cuauhtémoc, a su familia y a sus acompañantes con respeto y mucho acato; que él diría de quien era el prisionero y a quiénes se les reconocería esa honra. Llevado Cuauhtémoc a Tlaltelolco, en donde se encontraba Cortés, que lo recibió con mucha alegría, lo abrazó y le tuvo grandes atenciones a él y

a los suyos, el señor de México se adelantó y le dijo: *Señor Malinche: ya he hecho lo que soy obligado en defensa de mi ciudad y vasallos, y no puedo más, y pues vengo por fuerza y preso ante tu persona y poder, toma ese puñal que tienes en la cintura y mátame luego con él.* Cortés le respondió con doña Marina y Aguilar muy amablemente y le dijo que por haber sido tan valiente y velar con tanta energía por su ciudad, ahora tenía en mucho más a su persona, y que no tenía culpa alguna, y de lo que había hecho, más debía tenérsele a bien que a mal, pero que si hubiera venido de paz, no se destruyese tan hermosa ciudad y a tal grado, pero hecho estaba y sin remedio; que descansase él y sus capitanes y que seguiría mandando en México y en sus provincias tal y como antes. Cuauhtémoc dijo que se lo tenía a merced.

Cortés preguntó por las señoras y le dijeron que estaban en las canoas. Se mandó por ellas y fueron recibidas con muchas atenciones. Como ya era tarde y llovía, Cortés ordenó ir a Coyoacán y llevó con él a Cuauhtémoc, a sus familiares y a todos los principales y capitanes, y que los capitanes Alvarado y Sandoval fuesen a sus campamentos de Tacuba y de Tepeyacac. Dice Bernal: *Prendióse a Cuauhtémoc y a sus capitanes en trece de agosto, a horas de vísperas* (el atardecer), *en día de Señor San Hipólito, año de mil quinientos veintiuno.* Esa noche llovió mucho con grandes relámpagos. Y los soldados se habían acostumbrado tanto a los fragosos estruendos de los combates y a la gritería de los escuadrones de guerreros, al ruido de las armas y al tañer monótono y lúgubre de los caracoles y tambores, que cuando cesó la guerra y hubo completa calma, se sentían como sordos.

Bernal nos dejó un retrato hablado de Cuauhtémoc que... *Era de muy gentil disposición, así de cuerpo como de facciones, y la cara algo larga, alegre, y los ojos más parecía que cuando miraban era con gravedad que halagüeños, y no había falta en ellos, y era de edad de veintitrés o veinticuatro años, y la color tiraba su matiz algo más blanco que a la color de indios morenos...*

Sobre el pleito entre Holguín y Sandoval por la prisión de Cuauhtémoc, Cortés les hizo una historia y les dijo que sería el que Su Majestad mandase al que se le atribuyese la prisión del señor de México; pero seguramente acomodó las cosas de tal suerte que cuando llegaron las armas de los blasones, Cuauhtémoc figuraba en las de Cortés.

Bernal narra con espanto la gran cantidad de cuerpos muertos que por todos lados, en tierra y flotando en la laguna, se encontraban y ya en estado de descomposición, al grado que tenían que andar entre cadáveres y el hedor era tan insoportable, que puso malo a Cortés del estómago y con un fuerte dolor de cabeza.

Se queja Bernal que los soldados de los bergantines fueron los mejor librados y los que recogieron más despojos porque andaban por los tulares donde los mexicanos guardaban sus joyas de oro y otras piezas de valor; o despojaban a los que trataban de huir de la ciudad.

Cuauhtémoc pidió a Cortés que permitiera salir de México a la sufrida población, para que se fuese a los pueblos comarcanos, cosa que fue concedida. Tres días y tres noches estuvieron saliendo por las calzadas muchos hombres, mujeres y niños *tan flacos y amarillos, sucios y hediondos que daban mucha lástima. En la ciudad quedaban los muertos... y el suelo como arado, de que buscaban raíces para comer, lo mismo que las cortezas de los árboles... y "no se ha hallado generación en muchos tiempos que haya sufrido tanto..."* Cortés mandó hacer un banquete en Coyoacán que fue verdaderamente de mucho desconcierto... *Y valiera más que no se hiciera aquel banquete por muchas cosas no muy buenas que en él acaecieron.*

Los grandes caciques aliados y sus capitanes y guerreros, que pelearon muy valientemente, fueron despedidos con gracias y loores, pero ricos y cargados de oro... *así como harta carne de cecina de los mexicanos, que repartieron entre sus amigos y parientes como carne sagrada...*

Y dice Bernal: *Ahora que estoy fuera de los combates y recias batallas que con los mexicanos teníamos día y noche... y que como cada día veía llegar a sacrificar mis compañeros y había visto cómo les aserraban por los pechos y sacarles los corazones bullendo... y se los comieron a los sesenta y dos que he dicho y antes habían muerto a ochocientos cincuenta de nuestros soldados... Y a este efecto siempre desde entonces temí la muerte más que nunca; y esto he dicho porque antes de entrar en las batallas se me ponía como grima y tristeza en el corazón, y orinaba una vez o dos, y encomendándome a Dios y a su Bendita Madre y entrar en las batallas, todo era uno y luego me quitaba aquel pavor...*

Cesaron los combates y las guerras. Con la captura de la gran plaza de Tlaltelolco prácticamente habían ganado ya la gran ciudad de México, corazón del mundo náhuatl. El episodio de la captura de Cuauhtémoc fue la caída del telón de la gran tragedia, del *parto doloroso* del que nació una nueva nacionalidad.

Impreso en:
Impresiones Alfa
Lago Managua No. 50
Col. Torre Blanca
11280 - México, D.F., Agosto 2008